Jalta | *Positionen zur jüdischen Gegenwart*

Nº 08
Nachhalle

Jalta | *Positionen zur jüdischen Gegenwart*

NACHHALLE

HERAUSGEGEBEN VON
Micha Brumlik / Marina Chernivsky / Max Czollek
Hannah Peaceman / Anna Schapiro / Lea Wohl von Haselberg

Neofelis

NACHHALLE

Liebe Leser*innen, liebe Freund*innen, liebe Verbündete,

nach einer längeren Pause kehrt *Jalta – Positionen zur jüdischen Gegenwart* in einem neuen Format zurück – als Buchreihe. Die Bücher erscheinen in unregelmäßigen Abständen, können aber weiterhin als Fortsetzung bezogen werden.

Die neue, achte Ausgabe von *Jalta* trägt den Titel *Nachhalle* und erscheint nun mehr als drei Jahre nach dem rechten, antisemitischen, rassistischen und misogynen Anschlag von Halle an Jom Kippur 2019. Mit diesem Band möchten wir zum einem die Kontinuität rechter, antisemitischer und rassistischer Gewalt sowie die Gegenwehr demokratischer Bündnisse thematisieren, die bereits in jeder unserer Ausgaben eine Rolle spielte. Zum anderen wollen wir ausdrücklich einen Reflexionsraum für unsere Autor*innen und Leser*innen eröffnen, der ausgehend von dem Anschlag von Halle nach Gegenstrategien fragt. Die Arbeit an diesem Buch hat sich über zwei Jahre hingezogen, deshalb wurden die Texte teils mehrmals überarbeitet und aktualisiert. Trotz der langen Entstehungszeit haben sie unseres Erachtens an Aktualität nicht eingebüßt.

Botschaftstaten, die sich gezielt gegen Menschen und Gruppen richten, haben ein verheerendes traumatisches Potenzial. Sie teilen die Zeit in davor und danach und wirken lange weiter. Erfahrungen, die damit verbunden sind, schichten sich übereinander und ritzen sich ins Gedächtnis von Minderheiten ein. Solche traumatischen Einschnitte sind mindestens in doppelter Hinsicht relevant – für die

Einzelnen und für die gesamte Gesellschaft, nur dass die direkt Betroffenen, ihre Angehörigen und Hinterbliebenen keine Möglichkeit besitzen, das erfahrene Unrecht und das Trauma abzulegen. Die sie umgebende Gesellschaft leistet sich demgegenüber die Distanz.

Die fortwährende Gewaltbereitschaft in der Gesellschaft und die sich verdichtende aggressive Stimmung während der Corona-Pandemie waren Anlass für uns, die Bedeutung des Anschlags für die Communities in den Blick zu nehmen und noch einmal die Geschichte und Wirkung rechter und antisemitischer Gewalt zu thematisieren. Denn seit Jahrzehnten zeigt sich in Deutschland die kollektive Unfähigkeit, die historische und gesellschaftliche Kontinuität rechter Ideologien anzuerkennen und dagegen zu handeln. Stattdessen prägen die Historisierung und Entpolitisierung rechter Gewaltgeschichte, die weitgehende Individualisierung von Antisemitismus, Rassismus und Misogynie sowie das Beharren auf der These der „Einzeltaten" den gesellschaftspolitischen Umgang mit Gewaltphänomenen und verdecken ihre Relevanz für die Gegenwartsgesellschaft.

In *Nachhalle* befassen wir uns mit der Frage, wie tief diese Gewaltverhältnisse in Deutschland verankert sind, wie sie wirken und was wir ihnen entgegensetzen können. Wie kann ein Wandel hin zu der gesellschaftlichen Einsicht gelingen, dass die Bedrohung für Gruppen und Minderheiten sowohl historisch als auch aktuell alltäglich ist und Biografien sowie Lebensentwürfe vieler Menschen überschattet? Auch und vor allem steht damit die Frage im Zentrum, welche gesellschaftlichen Bündnisse und welche Solidaritäten in diesen erdrückenden Verhältnissen entstanden sind und wo wir weitere Bedarfe für Allianzen sehen.

Den Auftakt macht eine visuelle Arbeit von Anna Schapiro, die von Theodor W. Adornos Vorstellung ausgeht, das Ziel emanzipatorischer

Arbeit müsste eine Gesellschaft sein, in der alle ihre Mitglieder „ohne Angst verschieden sein" können. Im letzten Beitrag dieses Buchs beschreibt sie den Kontext, in dem diese Arbeit gezeigt wurde.

Anders als in der Zeitschrift *Jalta* passen wir die Rubriken künftig den jeweiligen Inhalten eines Bandes an. *Nachhalle* gliedert sich in fünf Abschnitte. Die erste Rubrik, „Kontinuität rechter Gewalt", enthält zwei Beiträge. Heike Kleffner beschreibt, was die rechte, rassistische und antisemitische Gewalt der 1990er Jahre mit den rechtsterroristischen Anschlägen der politischen Gegenwart zu tun hat. Marina Chernivsky und Friederike Lorenz-Sinai zeigen auf, was Antisemitismus als sozialer Prozess bedeutet und worin die Schwierigkeit besteht, ihn als Gewaltverhältnis einzuordnen.

Die zweite Rubrik trägt den Titel „Jüdische Gegenwart nach Halle". Mit Bezug auf Ausschnitte aus Gruppengesprächen mit jüdischen Eltern kurz nach dem Anschlag von Halle arbeitet Romina Wiegemann seine Wirkungen auf die jüdische Gemeinschaft heraus. Darja Klingenbergs Beitrag befragt die gegenwärtig viel bemühte Rede von der „jüdischen Vielfalt", indem sie die Rhetorik der Feierlichkeiten zu „1700 Jahre Jüdisches Leben in Deutschland" mit Handlungsräumen für Pluralität innerhalb jüdischer Strukturen und in der Gesellschaft kontrastiert.

In der dritten Rubrik versammeln wir Texte über die aktivistischen und solidarischen Praktiken rund um den Prozess in Halle. Das Bündnis aus Halle „Solidarität mit den Betroffenen – Keine Bühne dem Täter" stand an jedem Prozesstag vor dem Gerichtsgebäude, um Betroffenen einen Ort zum Sprechen zu geben und Solidarität zu zeigen. Wie sie Solidarität praktisch werden ließen, beschreiben sie in ihrem Beitrag. Miriam Burzlaff hat ein Gedicht darüber geschrieben, wie sie gemeinsam mit Naemi Eifler während des Prozesses Verpflegung für die Nebenklage organisierte. Linus Pook,

Grischa Stanjek und Tuija Wigard, alle Teil von democ. Zentrum demokratischer Widerspruch e. V., erläutern anhand ihres Versuchs, den Prozess zu dokumentieren, die Notwendigkeit und Herausforderungen zivilgesellschaftlicher Prozessbeobachtung.

Die vierte Rubrik enthält zwei Beiträge über das Gedenken. Das Festival of Resilience hat sich zu einem wichtigen Ort des Gedenkens und der Solidarität entwickelt. Rabbi Rebecca Blady, eine der Organisator*innen, beschreibt, warum das Festival mit Bezug zum Judentum als Religion eine so große Bedeutung hat. Ezra Waxmans Text ist eine besondere Form des Nachhalls. Ausgehend von den Gedanken des 2021 verstorbenen Rabbiners Jonathan Sacks erkundet Waxman, wie Traditionen religiösen Denkens die Frage nach Verbündet-Sein in der pluralen Gesellschaft beantworten können.

Die fünfte und letzte Rubrik stellt zugleich eine Art Querschnittsthema des gesamten Buchs dar. Ihr Titel lautet „(Neue) Allianzen". Naomi Henkel-Gümbel und Rachel Spicker beschäftigen sich in ihrem Text mit Solidarität und Allianzen nach Halle, die vor allem zwischen den Betroffenen entstanden sind. Massimo Perinelli plädiert für Solidarität statt Allianzen und kritisiert die Gesellschaft der „gespaltenen Vielen", die Politik auf der Basis von Identität mache, statt eine gemeinsame Haltung zu entwickeln. Auch Frederek Musalls Text ist ein kritischer Zwischenruf, der das Spannungsfeld von Allianzen zwischen Ambivalenzen und Aushandlungen aufzeigt. Hannah Peaceman reflektiert schließlich auf die (Un-)Sichtbarkeit von Jüd*innen in politischen Bündnissen.

Dass fast alle Beiträge in diesem Band Solidarität und Allianzen thematisieren, ist nicht zufällig. Einerseits beschäftigen sich unsere Autor*innen mit den verheerenden Folgen, die rechte, rassistische, antisemitische und misogyne Gewalt hat und wie sie Menschen ihres Rechts auf physische, psychische und soziale Unversehrtheit beraubt. Zugleich zeigen sie, wie diejenigen, die sich der rechten Gewalt entgegenstellen, vermehrt zusammenfinden.

Nicht zuletzt sehen wir, wenn wir über unsere Arbeit an diesem Buch reflektieren, Schwierigkeiten und Leerstellen, die wir gerne mit unserer Leser*innenschaft und unseren Autor*innen teilen möchten. So ist es uns z. B. nicht gelungen, einen Beitrag zu erhalten, in dem auch jene Überlebende zu Wort kommen, die kaum mediale Aufmerksamkeit bekommen haben. Zudem gibt es diverse und divergierende Deutungen der Tat und des Prozesses sowohl unter den Überlebenden als auch in der jüdischen Gemeinschaft. Mit unserem Buch beanspruchen wir darüber keine Deutungshoheit. Unser Anliegen ist stattdessen, die solidarischen Praxen rund um den Prozess zu sammeln und sichtbar zu machen. Die verschiedenen Perspektiven auf Allianzen und Solidarität weisen in eine demokratische Zukunft, die wir mitgestalten. Wir möchten das praktische Wissen, dass die Betroffenen sowie solidarische Menschen gesammelt haben, damit auch für ein weiteres Publikum und für zukünftige Generationen und ihre Kämpfe gegen rechten Terror greifbarer und zugänglicher machen.

Während der Arbeit an diesem Buch hat in Europa ein neuer Krieg begonnen, der uns lange noch beschäftigen wird. Der Überfall Russlands auf die Ukraine markiert einen Einschnitt, der auch für viele hierzulande lebende Jüd*innen relevant ist. Die weiterreichende Bedeutung des Angriffskriegs und der damit einhergehenden Zerstörungen ist uns bewusst, auch wenn diese nicht direkt thematisiert wird.

Wir widmen dieses Buch allen Opfern und Betroffenen von Antisemitismus, Rassismus und rechtem Terror.

MARINA CHERNIVSKY / HANNAH PEACEMAN

WAS MUSS DIESE STADT TUN DAMIT DU OHNE ANGST VERSCHIEDEN IN IHR LEBEN KANNST?

Inhaltsverzeichnis

1 — א
KONTINUITÄTEN RECHTER GEWALT

14 **Kontinuitäten von Rechtsterrorismus**
Die Baseballschlägerjahre und der Terror von Heute
Heike Kleffner

48 **Antisemitische Gewaltdynamiken
in und jenseits extremer Gewalt**
Marina Chernivsky / Friederike Lorenz-Sinai

2 — ב
JÜDISCHE GEGENWARTEN NACH HALLE

62 **Are the kids alright?**
*Die Folgen des Anschlags von Halle
aus der Perspektive jüdischer Familien*
Romina Wiegemann

73 **Große Zahlen, Erfolgsgeschichten
und was man anders erzählen könnte**
*Bilanz aus dem Fest- und Gedenkjahr
„1700 Jahre Jüdisches Leben in Deutschland"*
Darja Klingenberg

3 — ג
SOLIDARISCHE PRAKTIKEN RUND UM DEN PROZESS

94 **Wenn Solidarität praktisch wird!**
Solidarität mit den Betroffenen – Keine Bühne dem Täter

97 **Siebenmal 25 kg maximale Belastung**
Miriam Burzlaff

103 **Der Versuch zu dokumentieren**
Notwendigkeit und Herausforderungen zivilgesellschaftlicher Prozessbeobachtung
Linus Pook / Grischa Stanjek / Tuija Wigard

4 — ד
GEDENKEN

118 **The Jewish Pursuit of Justice at the Festival of Resilience**
Rebecca Blady

126 **Die Antwort, die wir gemeinsam erschaffen**
Wie ich mich mit Hilfe meines Rabbiners, Lord Jonathan Sachs, dem Antisemitismus stellte
Ezra Waxman

5 ― ה
(NEUE) ALLIANZEN

148 **„Ich habe meine Kraft durch euch gesammelt."**
Solidarität und Allianzen nach Halle
Naomi Henkel-Gümbel / Rachel Spicker

165 **Momente einer Gesellschaft der Vielen statt Bündnisse und Allianzen**
Massimo Perinelli

175 **„Avengers, assemble!"**
Allianz zwischen Ambivalenz und Aushandlung
Frederek Musall

185 **Jüdische (Un-)Sichtbarkeiten und solidarische Bündnisse (nach Halle)**
Hannah Peaceman

193 **Ohne Angst verschieden**
Anna Schapiro

197 Autor*innen
203 Abbildungsverzeichnis
206 Impressum

1 — א

KONTINUITÄTEN RECHTER GEWALT

KONTINUITÄTEN VON RECHTSTERRORISMUS

Die Baseballschlägerjahre und der Terror von Heute

HEIKE KLEFFNER

Mehr als ein Dutzend Menschen starben alleine seit 2019 bei rechtsterroristischen, rassistischen, antisemitischen Attentaten und rechtsextrem motivierten Botschaftstaten: Walter Lübcke am 2. Juni 2019 in Istha bei Kassel, Jana L. und Kevin S. am 9. Oktober 2019 in Halle (Saale), Ferhat Unvar, Gökhan Gültekin, Hamza Kurtović, Said Nesar Hashemi, Mercedes Kierpacz, Sedat Gürbüz, Kaloyan Velkov, Vili Viorel Păun und Fatih Saraçoğlu am 19. Februar 2020 in Hanau und Alexander W. am 18. September 2021 in Idar-Oberstein. Dutzende Menschen wurden bei den Attentaten zum Teil schwer verletzt. Im gleichen Zeitraum ereigneten sich täglich mindestens drei bis vier antisemitisch, rassistisch oder rechts motivierte Gewalttaten in Ost- und Westdeutschland, mehr als zweitausend Menschen waren davon direkt betroffen. Trotz aller Unterschiede in den Tatumständen sowie der ermordeten und verletzten Menschen: Die Erfahrungen von blockierter und schleppender Strafverfolgung, verweigerter Aufklärung, mangelnder Verantwortungsübernahme, institutionellem Rassismus und Antisemitismus sowie materieller Not nach traumatischer Gewalt teilen viele Hinterbliebene, Überlebende und Angegriffene. Hinzu kommt, dass rechtsextreme Netzwerke aus Elite-Polizist*innen und in Spezialeinheiten wie dem KSK ausgebildete Bundeswehrsoldat*innen mit offenen Sympathien für NS-Kriegsverbrecher oder die Mordserie des Nationalsozialistischen Untergrunds (NSU) potenzielle weitere Opfer für rechte Attentate ausspähen[1] und Staatsanwält*innen und Richter*innen mit offenen Sympathien für die AfD Ermittlungen nach rechten Angriffen hintertreiben.[2]

Mehr als zwei Jahrzehnte nach dem rassistischen Mord an Enver Şimşek am 9. September 2000, der den Anfang der rassistischen Mordserie des NSU markierte, und mehr als zehn Jahre nach der Selbstenttarnung des NSU-Kerntrios gegenüber Ermittler*innen und Öffentlichkeit ist rassistische, antisemitische und rechts motivierte Gewalt allgegenwärtig. Die Verletzten und potenziell Betroffene sind ebenso wie politisch Verantwortliche nicht erst seit dem im Dezember 2022 vereitelten Reichsbürger*innen-Umsturzversuch mit der Frage konfrontiert, welche Konsequenzen rechtsextreme Netzwerke bei der Polizei und Justiz für den Alltag im Rechtsstaat und die Sicherheit derer haben, die als Feindbilder

---

[1] Beispiele hierfür sind u. a. die im Dezember 2022 öffentlich gewordene „Reichsbürger*innen-Verschwörung" mit über 50 Beschuldigten, denen der Generalbundesanwalt Mitgliedschaft oder Unterstützung einer terroristischen Vereinigung nach §129a StGB vorwirft (vgl. Pressemitteilung, 09.12.2022. In: *Generalbundesanwalt*, 09.12.2022. https://www.generalbundesanwalt.de/SharedDocs/Pressemitteilungen/DE/2022/Pressemitteilung-vom-09-12-2022.html?nn=1397082 (Zugriff am 26.01.2023)), sowie das sogenannte Nordkreuz-Netzwerk aus ehemaligen SEK-Beamten und Bundeswehrreservisten. Vgl. Martin Schöler: Verwaltungsgericht bestätigt Entlassung eines SEK-Beamten wegen rechtsextremer Chats. In: *Katapult MV*, 07.02.2022. https://katapult-mv.de/artikel/verwaltungsgericht-bestaetigt-entlassung-eines-sek-beamten-wegen-rechtsextremer-chats (Zugriff am 10.01.2023).

[2] Ein Beispiel hierfür ist die Versetzung von zwei Staatsanwälten durch den damaligen Berliner Justizsenator Dirk Behrendt (Die Grünen), denen vorgeworfen wird, die Ermittlungen gegen Neonazi-Tatverdächtige der Rechtsterrorismus-Serie in Berlin-Neukölln blockiert zu haben. Vgl. Malene Gürgen: Der Neukölln-Komplex und die Berliner Justiz. In: Nele Austermann / Andreas Fischer-Lescano / Heike Kleffner / Kati Lang et al. (Hrsg.): *Recht gegen Rechts. Report 2022*. Frankfurt am Main: Fischer 2022, S. 39–45.

der extremen Rechten markiert sind und deren Adressen auf sogenannten Todes- oder Feindeslisten im Staffelstab-Prinzip in Darknet-Foren oder in Telegramgruppen weitergegeben werden. Viele der Akteur*innen und Netzwerke der jüngsten extrem rechten Bewegung, die seit Beginn der Corona-Pandemie in zahllosen Aufmärschen der Coronaleugner*innen, Pandemieverharmloser*innen und Putin-Sympathisant*innen im öffentlichen Raum – auf den Straßen ebenso wie auf Social Media – Antisemitismus und Rassismus weiter normalisieren, wurden in der ‚Generation Hoyerswerda' der Wendejahre politisch sozialisiert und geprägt.[3]

Ähnlich wie in den sogenannten Baseballschlägerjahren in den 1990er Jahren entstehen aus der Mitte der aktuellen extrem rechten Bewegung neue Netzwerke und Täter*innenstrukturen des Rechtsterrorismus. Und alte Netzwerke werden reaktiviert – getragen vom Hass auf den demokratischen Rechtsstaat und eine offene Gesellschaft sowie vom Größenwahn, Vollstrecker eines vermeintlichen gesellschaftlichen Mehrheitswillens zu sein, und von der Umsturz- und Allmachtspropaganda in den digitalen Echokammern der internationalen White Supremacy-Bewegung und Telegram-Kanälen mit zehntausenden von Follower*innen. Sichtbar wird dies in den zahlreichen Waffen- und Sprengstofffunden bei Neonazis sowie Aktivist*innen der Reichsbürger*innen- und Pandemieverharmloser*innenbewegung ebenso wie in deren Bereitschaft, diese Waffen im vermeintlichen ‚Widerstand' einzusetzen: beispielsweise während der Pandemie stellvertretend für den verhassten Rechtsstaat gegen alle, die im Alltag weiter auf Pandemieschutz bestanden bzw. als Verkäufer*innen, Zugbegleiter*innen etc. entsprechende Maßnahmen durchsetzen mussten. Daran

---

3 Vgl. David Begrich: ‚Spaziergänge' in Ostdeutschland. Nazis als Bannerträger. In: *Blätter für deutsche und internationale Politik*, 2/2022. https://www.blaetter.de/ausgabe/2022/februar/spaziergaenge-in-ostdeutschland-nazis-als-bannertraeger (Zugriff am 04.04.2022).

erinnert insbesondere der Mord an dem 20-jährigen Tankstellenmitarbeiter Alex W. in Idar-Oberstein im September 2021. Im Urteil stellte das Landgericht Bad Kreuznach fest, dass die rechtsradikale Einstellung des 50-jährigen Täters und seine Feindschaft gegen den Staat die Hauptmotive für den Mord darstellten. Alex W. habe der Täter als Repräsentanten des Staates und der aus seiner Sicht völlig verfehlten Corona-Politik gesehen und stellvertretend für die Politiker*innen erschossen, die für ihn nicht erreichbar waren.[4] Auch in den zahlreichen Angriffen auf sogenannte politische Gegner*innen – als ‚Lügenpresse' markierte Journalist*innen, Kommunal- und Lokalpolitiker*innen demokratischer Parteien ebenso wie Mediziner*innen, Wissenschaftler*innen, Polizist*innen – oder in den vereitelten Umsturzplänen etwa der sogenannten Reichsbürger*innen-Putschisten, in vereitelten Attentatsplänen auf kritische Infrastruktur und Bundesgesundheitsminister Karl Lauterbach zeigt sich vor allem eins: Jedwede Verharmlosung der Täter*innen und die Idee einer radikalisierten ‚Mitte' verkennen, dass Antisemitismus, Rassismus und militante Demokratiefeindlichkeit schon immer einen festen Platz in der ‚Mitte' hatten – und ‚Haus, Garten, Job, Familie und Hund' als ‚Mitte'-Kriterien untauglich sind. In den politischen Reaktionen auf diese neue extrem rechte Bewegung, in der verzögerten und oftmals ausbleibenden Strafverfolgung von massenhaften Morddrohungen in Social Media-Kanälen ebenso wie in zahlreichen Körperverletzungsdelikten, etwa bei den sogenannten Montagsspaziergängen bis hin zur aktuellen Welle rassistischer Brandanschläge auf Unterkünfte von Geflüchteten seit dem Herbst 2022, zeigen sich erschreckende Parallelen: zu der katastrophalen staatlichen und gesellschaftlichen Reaktion auf die erste Phase der Expansion und der öffentlich inszenierten rassistischen Gewalt

---

4 Vgl. NSU Watch: Prozess zum Mord an Alex W. in Idar-Oberstein – Dokumentation. In: *NSU Watch*, 28.09.2022. https://www.nsu-watch.info/2022/09/prozess-zum-mord-an-alex-w-in-idar-oberstein/ (Zugriff am 10.01.2023).

1 KONTINUITÄTEN RECHTER GEWALT

seit 1990. „Der Eindruck staatlicher Gleichgültigkeit verstärkt Radikalisierung", lautete ein wichtiges Resümee des Abschlussberichts des ersten NSU-Bundestagsuntersuchungsausschusses.[5]

Diese Wechselwirkung von Straflosigkeit und Normalisierung rechter Gewalt wird – mehr als 30 Jahre nach dem rassistischen Pogrom von Rostock-Lichtenhagen im August 1992 – in einem kurzen Rückblick auf die zentralen Phasen der Entwicklung des organisierten und gewalttätigen Rechtsextremismus seit 1990 und die Entwicklungen im Rechtsterrorismus deutlich.

DIE VIER PHASEN DER NORMALISIERUNG VON RECHTEM TERROR UND GEWALT Insgesamt lassen sich für das vereinigte Deutschland und den Zeitraum seit 1990 vier Phasen der Entwicklung der extremen Rechten und damit der Normalisierung von Rassismus, Antisemitismus und rechter Gewalt festmachen.

Die Phase der Baseballschlägerjahre, Brandanschläge und Kultur der Straflosigkeit Die sogenannten Brandanschlags- und Baseballschlägerjahre ab 1989 bis Mitte der 1990er Jahre gingen einher mit einer Expansion extrem rechter Netzwerke, einer rassistischen und antisemitischen sowie misogynen Jugendkultur und öffentlich inszenierter und geduldeter Gewalt mit rassistischen Pogromen in Hoyerswerda (1991), Rostock-Lichtenhagen (1992) und mehr als 1.500 überwiegend rassistisch motivierten Brand- und Sprengstoffanschlägen mit zahlreichen Toten und Schwerverletzten alleine im Zeitraum 1990 bis 1994.[6] Eine weit verbreitete Straflosigkeit, auch bei schwersten Gewalttaten, ermutigte

---

5 Vgl. *Abschlussbericht des 1. NSU-Bundestagsuntersuchungsausschuss*, BT-Drs. 17/14600, 2013. https://dserver.bundestag.de/btd/17/146/1714600.pdf (Zugriff am 10.02.2023), S. 844–845.

6 Frank Neubacher: *Fremdenfeindliche Brandanschläge. Eine kriminologisch-empirische Untersuchung von Tätern, Tathintergründen und gerichtlicher Verarbeitung in Jugendstrafverfahren.* Mönchengladbach: Forum 1998, S. 34–35.

Nachahmungstäter*innen und Sympathisant*innen und verstärkte die Schutzlosigkeit der Angegriffenen und Hinterbliebenen. Einer Gesamtzahl von 1.540 behördlich registrierten rechtsextremen Brand- und Sprengstoffanschlägen zwischen 1990 und 1994 stand eine Aufklärungsquote von gerade einmal 20 Prozent gegenüber.[7] Rund 80 Prozent aller Täter*innen kamen und kommen straffrei davon. Ein Beispiel von vielen: Erst nachdem die Generalbundesanwaltschaft im Jahr 2020 die Ermittlungen zu einem rassistischen Brandanschlag am 17. September 1991 auf eine Flüchtlingsunterkunft in Saarlouis übernahm, wurde im April 2022 nach mehr als 31 Jahren ein Neonazi als mutmaßlicher Haupttäter des Mordes an dem damals 27-jährigen Samuel Kofi Yeboah und wegen des versuchten Mordes an 18 weiteren Menschen festgenommen. Im November 2022 begann am Oberlandesgericht Koblenz der Prozess gegen den Verdächtigen. Während der auch 1991 schon polizeibekannte Beschuldigte in den Jahren nach dem mörderischen Brandanschlag ungehindert seine Neonaziaktivitäten ausweiten konnte, blieben die Hinterbliebenen und Überlebenden des Anschlags nicht nur ohne jegliche staatliche Unterstützung: Einige wurden trotz erheblicher Verletzungen abgeschoben; viele andere leben seit über drei Jahrzehnten mit der Angst, ihren mutmaßlichen Mördern auf der Straße, im Supermarkt oder beim Fußball zu begegnen.[8]

Die Auseinandersetzung um die Verbrechen der Wehrmacht – und deren Leugnung durch Politik und familiäre Diskurse – war in dieser Phase ebenso öffentlich präsent wie die rassistische ‚Asyldebatte'. Die öffentliche Verherrlichung der nationalsozialistischen Täter der Shoah, wie etwa NS-Kriegsverbrecher und Hitler-Stellvertreter Rudolf Heß, durch Aufmärsche mit tausenden

---

7   Ebd., S. 223.
8   Vgl. NSU Watch / VBRG e. V.: Vor Ort – gegen Rassismus, Antisemitismus und rechte Gewalt. Podcast, Folge 21 zum Mord an Samuel Kofi Yeboah. In: *VBRG*, 17.09.2021. https://verband-brg.de/folge-21-vor-ort-gegen-rassismus-antisemitismus-und-rechte-gewalt-die-podcastserie-von-nsu-watch-und-vbrg/ (Zugriff am 03.04.2022).

von Neonazis und die Verherrlichung des nationalsozialistischen Völkermords war für Neonazis der ‚Generation Terror' der 1990er Jahre programmatisch und prägend.⁹ Die positive Bezugnahme auf die historischen NS-Vorbilder wurde von vielen Neonazis demonstrativ durch SA-ähnliche Uniformen mit Koppel, schwarzen Hemden, schwarzen Kniebundhosen, Lederriemen und Springerstiefeln zur Schau gestellt. Diese zeigt sich auch in den zahlreichen Anleitungen zum Aufbau von Terrorstrukturen für den ‚führerlosen Widerstand' wie den *Turner Diaries* oder dem *Field Manual* von Blood & Honour, die das Konzept der nationalsozialistischen Werwolf-Einheiten aktualisierten. Auch das NSU-Kerntrio und dessen spätere Unterstützernetzwerke aus Thüringer Heimatschutz, Blood & Honour und Hammerskins beteiligten sich an den Neonazi-Aufmärschen für den NS-Kriegsverbrecher Rudolf Heß und an Aktionen gegen die Wehrmachtsausstellung des Hamburger Instituts für Sozialforschung. Die Verherrlichung der Shoah und die direkte Bezugnahme auf den nationalsozialistischen Völkermord und mörderischen Antisemitismus bestimmten – ebenso wie gewalttätiger Rassismus – viele Aktionen des NSU-Netzwerks vor 1998: wie etwa eine Schändung der NS-Mahn- und Gedenkstätte Buchenwald, Störaktionen gegen das Gedenken an die Pogromnacht am 9. November oder eine antisemitische Bombenattrappe beim Besuch des damaligen Vorsitzenden des Zentralrats der Juden in Deutschland, Ignatz Bubis, in Weimar 1996.¹⁰

---

9 Die Bedeutung der Rudolf-Heß Aufmärsche für die überregionale Vernetzung militanter Neonazistrukturen in den 1990er Jahren wurde z. B. in zahlreichen Zeug*innenaussagen im NSU-Prozess am Oberlandesgericht München deutlich. Nachzulesen in den Protokollen von NSU Watch: Rudolf-Heß-Marsch. Protokoll 221. Verhandlungstag. In: *NSU Watch*, 28.07.2015. https://www.nsu-watch.info/tag/rudolf-hess-marsch/ (Zugriff am 13.03.2023).

10 Vgl. Thüringer Landtag: *Abschlussbericht Untersuchungsausschuss 5/1 Rechtsterrorismus und Behördenhandeln*, Drs. 5/8080. https://parldok.thueringer-landtag.de/ParlDok/dokument/53401/moegliches_fehlverhalten_der_thueringer_

Der mörderische Rassismus des NSU nahm direkt Bezug auf die Wahnvorstellung einer ‚arischen Volksgemeinschaft' und ‚weißen Vorherrschaft'. Die nachfolgende Beschreibung von Uwe Mundlos durch einen Zeugen am Oberlandesgericht München trifft auf tausende Neonazis der ‚Generation Hoyerswerda' zu:

> *Er war davon überzeugt, dass man den Nationalsozialismus wieder einführen könne. Rudolf Heß war sein großes Vorbild. Für ihn stand die Reinhaltung der Rasse im Vordergrund. Den Multikulti-Schmelztiegel in Deutschland hat er gehasst.*[11]

Nur ein Beispiel von vielen: Wenige Tage, nachdem am 26. August 1992 beim rassistischen Pogrom in Rostock-Lichtenhagen über hundert ehemalige vietnamesische Vertragsarbeiter*innen, der damalige Ausländerbeauftragte der Stadt Rostock und eine Handvoll Unterstützer*innen sowie ein ZDF-Kamerateam nur knapp dem Flammentod entkamen, beschädigte ein Sprengsatz das Mahnmal für 32.000 deportierte Juden und Jüdinnen an der Putlitzbrücke in Berlin-Moabit und ein Brandanschlag zerstörte die sogenannte Jüdische Baracke in der Gedenkstätte des Konzentrationslagers Sachsenhausen bei Berlin.[12] Die Botschaft, dass es keinerlei staatlichen Schutz für Menschen mit NS-Verfolgungs-, Exil-, Flucht- und Zuwanderungsbiografien geben würde und damit verbunden auch keinerlei Strafverfolgung für rassistische und antisemitische Täter*innen, breitete sich wie ein Flächenbrand aus: 1.483 rechtsextreme Gewalttaten registrierte das

---

sicherheits_und_justizbehoerden_einschliesslich_der_zustaendigen_ministerien_unter_einschluss_der_politische.pdf (Zugriff am 20.03.2023), S. 207.

11 Vgl. NSU Watch: Protokoll vom 192. Verhandlungstag, 12. März 2015. In: *NSU Watch*, 12.03.2015. https://www.nsu-watch.info/2015/03/protokoll-192-verhandlungstag-12-maerz-2015/ (Zugriff am 03.04.2022).

12 Vgl. Ronen Steinke: *Terror gegen Juden. Wie antisemitische Gewalt erstarkt und der Staat versagt. Eine Anklage*. Berlin: Berlin Verlag 2020, S. 149–238.

Bundeskriminalamt (BKA) für das Jahr 1991. Im Jahr 1992 stiegen die vom BKA registrierten Gewalttaten um mehr als das Doppelte auf 2.584. Dass diese Zahlen nur einen winzigen Ausschnitt der Realität widerspiegeln, ist spätestens mit den Abschlussberichten der NSU-Untersuchungsausschüsse im Bundestag und den Landtagen von Thüringen und Sachsen auch durch politisch Verantwortliche eingeräumt worden. Die Kultur der Straflosigkeit bildete den Ausgangspunkt für die nachfolgenden drei Jahrzehnte rechter Gewalt und rassistischen, antisemitischen Terrors. Das Signal der Exekutive, dass Migrant*innen und Geflüchtete keinen verlässlichen Schutz durch den Staat erhalten würden, und das Wissen, dass auch schwerste Straftaten für die Täter*innen folgenlos bleiben würden, formte das Selbstbewusstsein der ‚Generation Terror' und ihrer Netzwerke. Lediglich 43 Ermittlungsverfahren mit 36 Verurteilungen überwiegend zu Bewährungsstrafen führte die Justiz nach dem mehrere Tage andauernden rassistischen Pogrom in Rostock-Lichtenhagen.[13] Das letzte Verfahren wegen Mordversuchs und schwerer Brandstiftung gegen drei vorbestrafte Neonazis, die – wie zahllose straflos gebliebene Mittäter – mit brennenden Molotow-Cocktails auf die im Sonnenblumenhaus eingeschlossenen Menschen warfen, endete erst zehn Jahre nach den Taten im Juni 2002 mit Bewährungsstrafen.[14] Oftmals ging dies mit einem Narrativ von den vermeintlich sozial deklassierten ‚Einzeltäter*innen' einher, das die behördliche Verharmlosung und Ignoranz in der Reaktion auf die Netzwerke organisierter Rechtsterrorist*innen in den folgenden drei Jahrzehnten begleitete. Die um drei

---

13 Albrecht Lüthke / Ingo Müller: *Strafjustiz für Nicht-Juristen. Ein Ratgeber für Schöffen, Pädagogen, Sozialarbeiter und andere Interessierte*, 3. akt. Aufl. Wiesbaden: Springer VS 2014, S. 128–130.

14 Heike Kleffner: Das Unrecht der Straflosigkeit und das Leid der Angegriffenen. In: *Frankfurter Rundschau*, 23.08.2022. https://www.fr.de/politik/30-jahre-rostock-lichtenhagen-das-unrecht-der-straflosigkeit-und-das-leid-der-angegriffenen-91740312.html (Zugriff am 10.01.2023).

Jahrzehnte verspätete Festnahme des mutmaßlichen Hauptverantwortlichen für den Mord an Samuel Yeboah und den versuchten Mord an 18 weiteren Asylsuchenden beschreibt keine Ausnahme, sondern das System von Kollusion von Polizei und Verfassungsschutz in den 1990er Jahren mit rechten Gewalttäter*innen. Diese Kollusion führte etwa im Fall des Brandanschlags auf die Flüchtlingsunterkunft in der Lübecker Hafenstraße 1996 mit zehn Toten dazu, dass vier dringend tatverdächtige Neonazis nicht einmal nach Geständnissen angeklagt wurden. Bis heute sind die Täter eines der schwersten rassistischen Brandanschläge im wiedervereinigten Deutschland straffrei.[15]

Die Phase der No-Go-Areas und des ‚führerlosen Widerstands' ab Mitte der 1990er Jahre bis zur Jahrtausendwende Auf die Symbolpolitik des Staats in Form von Verboten neonazistischer Vereine und Parteien wie etwa der Freiheitlichen Arbeiterpartei (FAP) 1995 folgte ein Modernisierungsschub im organisierten Rechtsextremismus. Dieser wurde wesentlich angestoßen und getragen vom Blood-&-Honour-Netzwerk und dessen bewaffnetem Arm Combat 18 und ging mit dem Aufbau rechtsterroristischer Gruppen und Netzwerke einher. Diese verübten u. a. Dutzende Briefbomben- und Sprengstoffanschläge wie beispielsweise auf die Ausstellung *Verbrechen der Wehrmacht* in Saarbrücken im März 1999 und das antisemitische Attentat auf eine jüdische Sprachschüler*innengruppe in Düsseldorf-Wehrhahn im Juli 2000. Parallel gelang der neonazistischen Skinheadbewegung, die sich bis dahin vor allem in Opposition und Abgrenzung inszeniert hatte, die Transformation: von einer Jugendsubkultur-Bewegung zu einer extrem rechten Bewegung mit Verwurzelung in allen gesellschaftlichen Milieus. Eine ernsthafte institutionelle Auseinandersetzung mit

---

15 Vgl. Initiative Hafenstraße '96: Dokumentation. In: *Hafenstraße '96*, o. D. https://hafenstrasse96.org/dokumentation/ (Zugriff am 03.04.2022).

deren Antisemitismus, NS-Verherrlichung und Rassismus fand genauso wenig statt wie eine Strafverfolgung derjenigen, die für das anhaltend hohe Niveau rechter Gewalttaten im sozialen Nahraum gegen Arbeitsmigrant*innen, politische Gegner*innen und Juden und Jüdinnen – wie etwa im hessischen Babenhausen 1996 – verantwortlich waren.[16]

Die Phase der Konsolidierung von rechtsterroristischen Netzwerken und extrem rechten Parallelwelten im Kampf um Straßen und Parlamente im Jahrzehnt zwischen 2000 und 2010 Ab der Jahrtausendwende konnte die extreme Rechte ihre Strukturen und ihre öffentliche Präsenz konsolidieren. Mit einer Expansion parlamentarischer Präsenz durch mehrere hundert Mandatsträger*innen von DVU und NPD in Kommunalparlamenten und zeitweise in einem halben Dutzend Landtagen ging eine Normalisierung von rassistischen und antisemitischen Tabubrüchen im öffentlichen Diskurs einher. Diese leistete im Wechselspiel mit der Veröffentlichung von Thilo Sarrazins *Deutschland schafft sich ab* 2010 auch dem institutionellen Rassismus der Ermittlungsbehörden Vorschub, von dem die konsolidierten militanten und rechtsterroristischen Strukturen wie beispielsweise das NSU-Netzwerk profitierten. Von September 2000 bis Juni 2007 fielen in einem halben Dutzend Bundesländern mindestens zehn Menschen der rassistischen und rechtsterroristischen Mordserie des NSU-Netzwerks zum Opfer. Mehrere Dutzend Menschen wurden bei den drei bekannten rassistischen NSU-Sprengstoffanschlägen zum Teil lebensgefährlich verletzt. Parallel verübte beispielsweise in Brandenburg die Nationale Bewegung u. a. im Januar 2001 einen Sprengstoffanschlag auf die Trauerhalle

---

16 Zum Antisemitismus des NSU-Netzwerks und dem Ausspähen von mindestens 200 Einrichtungen jüdischer Gemeinden und jüdischer Friedhöfe vgl. u. a. Hannah Zimmermann / Martina Klaus (Hrsg.): *Vom Lernen und Verlernen. Methodenhandbuch zur rassismuskritischen Aufarbeitung des NSU-Komplex*. Chemnitz: ASA-FF e.V. 2021.

des Jüdischen Friedhofs und die Freikorps-Havelland-Bewegung terrorisierte mit einem halben Dutzend rassistisch motivierter Brandanschläge gegen Kleingewerbebetriebe Menschen mit Einwanderungsbiografien.[17]

Die Phase des rechtsextremen Aufbruchs seit 2010: Pegida, AfD und die Generation ‚Rechtsterrorismus 2.0' mit diversifizierten Täter*innen-Sozialisationen

Seit den rassistischen und extrem rechten Mobilisierungen der sogenannten Pegida-Bewegung ab 2014 und der Rassismus- und Verwaltungskrise bei der Aufnahme und Unterbringung von hunderttausenden Bürgerkriegsflüchtlingen insbesondere aus Syrien, Irak und Afghanistan befindet sich die parlamentarische und außerparlamentarische extreme Rechte im Aufwind. Dies zeigte sich in den bundesweiten rassistischen Mobilisierungen 2015/2016 und im Sommer 2018 und dem damit verbundenen sprunghaften Anstieg registrierter politisch rechts motivierter Straf- und Gewalttaten auf das Niveau der frühen 1990 Jahre.[18] Damit einher gingen die parlamentarischen Erfolge der AfD und ein bis dato unbekanntes Ausmaß an Strukturaufbau und Ausweitung von Medienpräsenz – sowohl durch die 16 Landtagsfraktionen und ihre Mitarbeiter*innen als auch die Bundestagsfraktion und die mit der AfD verbundenen Social-Media-Netzwerke. Die Wechselwirkungen zwischen rassistischen und antisemitischen Hasskampagnen im Netz, Aufmärschen auf den Straßen und einem hoch emotionalisierten

---

17 Bundesgerichtshof: Beschluss vom 10.01.2006, 3 StR 263/05.
18 Übersicht „Hasskriminalität". Entwicklung der Fallzahlen 2001–2021. In: *Bundesministerium des Innern, für Bau und Heimat*, 10.05.2022. https://www.bmi.bund.de/SharedDocs/downloads/DE/veroeffentlichungen/nachrichten/2022/pmk2021-fallzahlen-hasskriminalitaet.pdf; VBRG: Rechte, rassistische und antisemitische Gewalt in Deutschland 2021. Jahresbilanzen der Opferberatungsstellen. In: *VBRG*, 10.05.2022. https://verband-brg.de/rechte-rassistische-und-antisemitische-gewalt-in-deutschland-2021-jahresbilanzen-der-opferberatungsstellen (Zugriffe am 03.01.2023).

politischen und gesellschaftlichen Diskurs sowie die Ausdifferenzierung von Lebensmodellen in verfestigten Parallelwelten der extremen Rechten zeigen sich auch in den unterschiedlichen Tätertypen und Tatbegehungen der Generation ‚Rechtsterrorismus 2.0' nach der Selbstenttarnung des NSU im November 2011. Sie eint die Ideologie der ‚White Supremacy' und daraus resultierend die (Selbst-)Legitimierung zum politischen Mord und zu Attentaten mit Botschaften an eine internationale Bewegung rassistischer und antisemitischer Terroristen und Nachahmungstäter*innen sowie ihre Verwurzelung in traditionell bürgerlichen Lebensmodellen mitsamt Kleinfamilien und mittelständischen Erwerbsbiografien. Die in der ‚Generation Hoyerswerda' sozialisierten rechten Attentäter von heute – wie beispielsweise Frank Steffen, der im Februar 2016 mit dem Attentat auf die Kölner Oberbürgermeisterin Henriette Reker ein politisches Fanal gegen deren Flüchtlingspolitik setzen wollte, oder der Mörder des Regierungspräsidenten von Kassel, Walter Lübcke, und dessen Helfer – knüpfen dabei unmittelbar an ihre Erfahrungen in den 1990er Jahren an. Rechtsterroristische Netzwerke wie die Gruppe Freital und Revolution Chemnitz wählten die Sprengstoffanschläge gegen Asylsuchende und ihre Unterstützer*innen als eine Eskalationsform ihrer rassistischen Mobilisierungen im eigenen sozialen Nahraum. Sie eint – trotz aller Unterschiede in der Tatausführung – das Narrativ von einem weltweiten ‚Rassenkrieg' und Bürgerkriegsszenarien mit den Attentätern von Halle und Hanau, den Reichsbürger*innen-Putschist*innen, der mutmaßlich rechtsterroristischen ‚Gruppe S.' oder rechtsextremen Bundeswehrsoldaten wie Franco A. und Elitenpolizist*innen aus dem Nordkreuz-Netzwerk.

Seit Beginn der Covid-19-Pandemie und dem russischen Angriffskrieg auf die Ukraine spitzen sich die Wechselwirkungen zwischen rassistischen und antisemitischen Hasskampagnen im Netz, Aufmärschen auf den Straßen und einem hoch emotionalisierten politischen und gesellschaftlichen Diskurs zu und befeuern eine bis heute anhaltende Welle rassistisch, antisemitisch und rechts motivierter Gewalt und Terrors. Fünf Menschen starben 2020 und 2021 bei Gewalttaten von bewaffneten Coronaleugner*innen. Im Fall des Mordes an den eigenen drei Kindern und der Lebenspartnerin durch einen AfD-Anhänger und Coronaleugner im brandenburgischen Senzig im Dezember 2021 etwa geht das LKA Brandenburg explizit von Antisemitismus und rechten Verschwörungsnarrativen als Tatmotiven aus.[19] Täglich ereigneten sich in demselben Zeitraum trotz pandemiebedingt zeitweilig massiver Ausgangsbeschränkungen im öffentlichen Raum weiterhin mindestens zwei bis drei rechts motivierte Gewalttaten. Die Motive der Täter*innen umfassten anti-asiatischen Rassismus ebenso wie gewalttätigen Antisemitismus, Hass auf politische Gegner*innen wie als ‚Systemmedien' diffamierte Journalist*innen und politische Verantwortungsträger*innen. Hinzu kamen etwa Brandanschläge gegen Impf- und Testzentren und Angriffe auf Gesundheitsarbeiter*innen sowie Sabotageakte gegen Bahntrassen. Als die Ermittlungsbehörden im April 2022 mit Razzien gegen mutmaßliche rechtsterroristische Netzwerke wie Vereinigte Patrioten und Atomwaffendivision Deutschland vorgingen, zeigte sich, dass es sich bei vielen der Beschuldigten keineswegs um durch die Pandemie ‚Radikalisierte' handelt, sondern um langjährige Neonaziaktivist*innen. Offenbar beschleunigten die Pandemie und der russische Angriffskrieg gegen die Ukraine die extrem rechten Allmachtsphantasien vom ‚Tag X', dem gewaltsamen Umsturz bzw. der Abschaffung des demokratischen Rechtsstaats durch Waffengewalt und Bürgerkriegsszenarien.

---

19 Frank Jansen: Höchststand bei antisemitischer Kriminalität. Judenhasser verübten im Jahr 2001 mehr als 3000 Straftaten – vier Menschen starben. In: *Tagesspiegel*, 17.02.2022. https://www.tagesspiegel.de/politik/hoechststand-bei-antisemitischer-kriminalitaet-judenhasser-verueben-2021-mehr-als-3000-straftaten-vier-menschen-sterben/28077846.html (Zugriff am 03.04.2022).

1 KONTINUITÄTEN RECHTER GEWALT

WER AUFKLÄRUNG BLOCKIERT, ERMÖGLICHT RECHTSTERRORISTISCHE KONTINUITÄTEN

Wir tun alles, um die Morde aufzuklären und die Helfershelfer und Hintermänner aufzudecken und alle Täter ihrer gerechten Strafe zuzuführen. Daran arbeiten alle zuständigen Behörden in Bund und Ländern mit Hochdruck.[20]

Das hatte Bundeskanzlerin Angela Merkel (CDU) im Februar 2012 den Angehörigen und Überlebenden beim zentralen Gedenkakt für die Opfer des NSU im Konzerthaus am Gendarmenmarkt in Berlin versprochen. Da waren die Akten vieler im NSU-Unterstützer*innennetzwerk aktiver Neonazi-V-Leute sowohl im Bundesamt für Verfassungsschutz als auch bei zahlreichen Landesverfassungsschutzbehörden längst vernichtet worden. Das Ziel: Relevante Beweismittel zu beseitigen und Öffentlichkeit und Strafverfolgungsbehörden über das Ausmaß des neonazistischen V-Leute-Systems im NSU-Netzwerk zu täuschen.[21]

Im August 2013 veröffentlichte dann der erste von mittlerweile 14 parlamentarischen Untersuchungsausschüssen zum NSU-Komplex seinen Abschlussbericht. Mit knapp 50 Empfehlungen wollten die Abgeordneten des Bundestags parteiübergreifend verhindern, dass sich die fatale Kombination aus institutionellem Rassismus in den Strafverfolgungsbehörden, Verharmlosung und Ignoranz gegenüber bewaffneten Neonazigruppen und deren Umsturzplänen sowie die Maxime der Geheimdienste, durch das

---

20 Angela Merkel: Die Hintergründe der Taten lagen im Dunkeln – viel zu lange. In: *Süddeutsche Zeitung*, 23.02.2012. https://www.sueddeutsche.de/politik/merkels-gedenkrede-fuer-neonazi-opfer-im-wortlaut-die-hintergruende-der-taten-lagen-im-dunkeln-viel-zu-lange-1.1291733 (Zugriff am 20.03.2023).
21 Vgl. *Abschlussbericht des 2. NSU-Bundestagsuntersuchungsausschuss*, BT-Drs. 18/12950, 2015. https://dserver.bundestag.de/btd/18/129/1812950.pdf (Zugriff am 03.04.2022), S. 1143–1163.

Prinzip „Quellenschutz vor Strafverfolgung", mit Hilfe von Neonazi-V-Leuten rechtsterroristische Gruppen unter Kontrolle zu behalten, wiederholen würde. Insbesondere für die Strafverfolgungsbehörden und Justiz folgte eine Reihe von wichtigen Gesetzesreformen, darunter die Anweisung für Polizeibeamte:

> [I]n allen Fällen von Gewaltkriminalität, die wegen der Person des Opfers einen rassistisch oder anderweitig politisch motivierten Hintergrund haben könnten, muss dieser eingehend geprüft und diese Prüfung an geeigneter Stelle nachvollziehbar dokumentiert werden.[22]

Für Staatsanwält*innen und Richter*innen gilt inzwischen, dass bei der Strafzumessung „besonders auch rassistische, fremdenfeindliche oder sonstige menschenverachtende" Beweggründe und Ziele von Täter*innen berücksichtigt werden müssen.[23]

Der Abgleich zwischen den Intentionen des Gesetzgebers und der Realität bei der Strafverfolgung auch nach schwersten antisemitisch, rassistisch und rechts motivierten Gewalttaten offenbart jedoch weiterhin eine erschreckende Diskrepanz. Die Ursachen dafür: Allzu lange wurde der Terror des NSU-Netzwerks als einmaliger ‚Unfall' ohne Wiederholungsgefahr behandelt. Die verlorenen Jahre in der Bekämpfung des gewalttätigen Rechtsextremismus während der Amtszeit des für seine unverhohlene Sympathie für AfD-Positionen bekannten Hans-Georg Maaßen, bis Ende 2018 Präsident des Bundesamtes für Verfassungsschutz, schufen die Ausgangsbedingungen für eine ‚Generation Rechtsterrorismus 2.0' mit diversifizierten Täter*innen-Typen und politischen Sozialisationen. Die bis heute anhaltende Verengung auf

---

22 Abschlussbericht des 1. NSU-Bundestagsuntersuchungsausschuss, BT-Drs. 17/14660, S. 861.
23 StGB, § 46. https://www.gesetze-im-internet.de/stgb/__46.html (Zugriff am 08.03.2023).

1 KONTINUITÄTEN RECHTER GEWALT

das Einzeltäter-Narrativ und die damit einhergehende mangelnde Bereitschaft der Bundesanwaltschaft, polizeibekannte Unterstützer*innen rechtsterroristischer Netzwerke auch tatsächlich zur Verantwortung zu ziehen, führte nicht nur im NSU-Komplex zur Straflosigkeit für enge Helfer*innen des NSU-Kerntrios,[24] sondern auch zur Ermutigung von Nachahmer*innen und Sympathisant*innen. Die Aufmerksamkeitskonjunkturen von Medien und Politik lassen angesichts einer zunehmenden Normalisierung von Rassismus und Antisemitismus zudem viel zu wenig Raum für Berichterstattung über die alltäglichen Bedrohungen und Gewalt jenseits von Attentaten und Anschlägen – und führen zu einer gefährlichen Gewöhnung an einen de facto unerträglichen Status quo. Längst sind nicht nur in Rechtsterrorismus-Hotspots und NSU-Kernbundesländern wie Sachsen, Hessen, Bayern oder Thüringen politisch Verantwortliche mit der Frage konfrontiert, welche Konsequenzen rechtsextreme Chatgruppen und Netzwerke unter Polizeibeamt*innen und Justizvertreter*innen für den Rechtsstaat haben. Die nachfolgenden Beispiele können daher nur einen Ausschnitt aus der Spitze eines Eisbergs aus Kontinuitäten von strukturellem Antisemitismus, Rassismus, Täter-Opfer-Umkehr und mangelnder Strafverfolgung sowie Prävention abbilden. Sie machen schmerzhaft deutlich, dass die Lehren aus dem NSU-Komplex und den nachfolgenden rechtsterroristischen Attentaten in der Praxis bis heute kaum verankert sind – weder auf Polizeirevieren noch in Amtsgerichten – und es umso notwendiger wäre, diese in der Lehre

---

24 Im September 2022 stellte die Generalbundesanwaltschaft nach mehr als elf Jahren die Ermittlungen wegen Unterstützung einer terroristischen Vereinigung nach §129a StGB gegen fünf Unterstützer*innen des NSU-Kerntrios mangels Tatverdachts ein. Die Beschuldigten hatten u. a. eingeräumt, dem Kerntrio Waffen, Sprengstoff, Alias-Identitäten und Wohnungen beschafft zu haben. Vgl. Jonas Miller: Verfahren gegen mutmaßliche NSU-Unterstützer eingestellt. In: BR, 14.09.2022. https://www.br.de/nachrichten/bayern/verfahren-gegen-mutmasslichen-nsu-unterstuetzer-eingestellt,THOgFeB (Zugriff am 10.01.2023).

an den Hochschulen der Polizei aller Bundesländer und den juristischen Fakultäten verpflichtend zu verankern.

ANHALTENDE STRAFLOSIGKEIT Die schmerzhaften Erfahrungen der Überlebenden des antisemitischen und rechtsterroristischen Wehrhahn-Attentats in Düsseldorf im Juli 2000 und der NSU-Hinterbliebenen, dass alle Forderungen nach Aufklärung, Gerechtigkeit und Konsequenzen ergebnislos verhallen,[25] teilt beispielsweise auch die Familie von Burak Bektaş. In der Nacht vom 4. auf den 5. April 2012 schoss ein bis heute unbekannter Täter in Berlin-Neukölln um 1 Uhr morgens gezielt auf eine Gruppe türkeistämmiger Jugendlicher und verletzte den 22-jährigen Lehrling Burak Bektaş tödlich. Zwei Teenager erlitten lebensgefährliche Verletzungen. Die Überlebenden beschrieben den Täter als ca. 1,80 Meter groß, weiß, mit einem Kapuzenpullover bekleidet und 40 bis 60 Jahre alt. Wie bei der rassistischen NSU-Mord- und Anschlagsserie ermittelte die Berliner Polizei lange Zeit ausschließlich im Freundes- und Familienkreis des Getöteten und der Überlebenden.[26] Obwohl Neonazis im Bezirk Berlin-Neukölln seit Mitte 2011 eine bis heute anhaltende Serie von rechtsterroristisch motivierten Brandanschlägen gegen politische Gegner*innen und Jugendeinrichtungen, etwa das Anton-Schmaus-Haus der Neuköllner Falken verüben, führte erst massiver öffentlicher Druck der Hinterbliebenen und zivilgesellschaftlicher Initiativen dazu, dass die Berliner Ermittlungsbehörden nach dem Mord an Burak

---

25 Ausführliche Hintergrundinformationen zum Wehrhahn-Attentat und der blockierten Strafverfolgung hat NSU Watch NRW zusammengestellt. Vgl. Wehrhahn-Anschlag nicht ausermittelt. In: *NSU Watch NRW*, 14.01.2021. https://nrw.nsu-watch.info/wehrhahn-anschlag-nicht-ausermittelt/ (Zugriff am 04.04.2022).
26 Vgl. Initiative für die Aufklärung des Mordes an Burak Bektaş / Phillip Meinhold: Wer hat Burak erschossen? Der ungelöste Mordfall von Berlin-Neukölln. Podcast. In: *rbb*, o. D. https://www.rbb-online.de/rbbkultur/podcasts/wer-hat-burak-erschossen.html (Zugriff am 10.01.2023).

1 KONTINUITÄTEN RECHTER GEWALT

Bektaş überhaupt ein rassistisches Motiv in Erwägung zogen. Seitdem folgten im Berliner Bezirk Neukölln mehr als ein Dutzend Brandanschläge auf Pkws von Neonazi-Gegner*innen, migrantische Läden und linke Cafés. Nur durch glückliche Umstände überlebte beispielsweise Anfang Februar 2018 die Familie des Linken-Kommunalpolitikers Ferat Koçak einen solchen Brandanschlag.[27] Hartnäckige Recherchen von Betroffenen, Initiativen und Journalist*innen haben ein Muster mit fatalen Parallelen zum NSU-Komplex offenbart: Obwohl der Berliner Verfassungsschutz die tatverdächtigen Neonazis vor dem Brandanschlag beim Ausspähen von Ferat Koçak abhörte und ihre Planungen mitverfolgte, wurde der Betroffene nicht gewarnt. Es folgten Enthüllungen zu einem Polizeibeamten mit engen Verbindungen zum AfD-Kreisverband Neukölln, in dem einer der mutmaßlichen Tatverdächtigen aktiv war; zwei Staatsanwälte entband die Generalstaatsanwaltschaft Berlin von den Ermittlungen und ein Polizeibeamter, der den Kontakt zu den Opfern der rechtsterroristischen Serie hielt, wurde wegen eines rassistischen Angriffs auf einen afghanischen Asylsuchenden wegen gemeinschaftlicher schwerer Körperverletzung erstinstanzlich zu einer Geldstrafe verurteilt.[28] Ferat Koçak muss seit über fünf Jahren damit rechnen, den tatverdächtigen Neonazis jederzeit wieder auf der Straße zu begegnen: Ende Dezember 2022 sprach das Amtsgericht Tiergarten den angeklagten Neonazi und Ex-AfD-Bezirksvorstandsmitglied Tilo P. sowie Neonazi Sebastian T. vom Tatvorwurf der Brandstiftung an den Fahrzeugen von Ferat Koçak und Heinz Ostermann frei.

---

27 Vgl. Gürgen: Der Neukölln-Komplex und die Berliner Justiz.
28 Vgl. Madlen Haarbach: Rassismus als Tatmotiv. In: *Tagesspiegel*, 06.05.2022. https://www.tagesspiegel.de/berlin/berliner-polizist-wegen-angriff-auf-gefluechteten-zu-geldstrafe-verurteilt-8020387.html (Zugriff am 10.01.2023); Neukölln Watch: Polizist der ehemaligen Neuköllner Ermittlungsgruppe „Rex" wegen rassistischen Angriffs vor Gericht. Mittäter mit Neonazi Bezügen. In: *Neukölln Watch*, o. D. https://www.nkwatch.info/ (Zugriff am 03.04.2022).

Das Gerichtsverfahrens sei „von Beginn an eine Farce und zum Scheitern verurteilt gewesen", kritisierten Ferat Koçak und Nebenklagevertreterin Franziska Nedelmann die Freisprüche. Sie warfen der Staatsanwaltschaft vor, den gesamten Neukölln-Komplex mit 23 Brandstiftungen und weiteren 50 Straftaten auf zwei Einzeltäter reduziert zu haben. Der Verfassungsschutz habe zudem Akten zurückgehalten, die den Prozessbeteiligten damit vorenthalten worden seien.[29] Wie selbstsicher sich Tilo P., einer der beiden hauptverdächtigen Neonazis, trotz laufender Ermittlungen und Anklageerhebung fühlte, wurde der Öffentlichkeit Anfang November 2021 erneut unter Beweis gestellt. Zeitungsberichten zufolge griff Tilo P. einen Taxifahrer zwei Mal nacheinander mit einem Schlagstock und Schlägen auf den Kopf an und beleidigte ihn dabei rassistisch. Der betroffene Taxifahrer hatte nach dem ersten Angriff erfolglos versucht, Strafanzeige bei der Polizei zu stellen. Nach dem zweiten Angriff dauerte es immer noch zwei Tage, bis bei Tilo P. eine Hausdurchsuchung stattfand und Untersuchungshaft angeordnet wurde.[30] Seit Jahren kritisieren Betroffene der Neuköllner Anschlagsserie, die Berliner Opferberatungsstelle ReachOut und viele andere, dass die Straflosigkeit auch bei schwersten Gewalttaten das Selbstbewusstsein der Neonazis und ihrer Netzwerke weiter stärkt. Aufklärung zu den Verantwortlichen für die blockierte Strafverfolgung erhofften sie sich von einem parlamentarischen Untersuchungsausschuss im Berliner Abgeordnetenhaus, der nach jahrelanger Hinhaltetaktik im Sommer

---

29 Ferat Koçak/Franziska Nedelmann: Bewertung der Nebenklage zur Hauptverhandlung gegen Sebastian Thom und Thilo Paulenz vor dem Amtsgericht Tiergarten im Neukölln-Komplex, 15.12.2022. In: *VBRG*, 15.12.2022. https://verband-brg.de/bewertung-der-nebenklage-zur-hauptverhandlung-gegen-sebastian-thom-und-thilo-paulenz-vor-dem-amtsgericht-tiergarten-im-neukoelln-komplex (Zugriff am 26.01.2023).

30 Vgl. Erik Peter: Neuköllner Nazi in Haft. In: *taz*, 16.11.2021. https://taz.de/Rassistische-Attacke-auf-Taxifahrer/!5812308/ (Zugriff am 03.04.2022).

2022 von den Berliner Regierungsfraktionen SPD, Grüne und Linke eingesetzt wurde, aufgrund der Blockade von Polizei und Justizbehörden kaum relevante Akten erhielt und wegen der Wahlwiederholung schon im Februar 2023 endet.[31]

DER TERROR DER 1990ER JAHRE UND DER TERROR VON HEUTE Die mangelnde Strafverfolgung auch bei schwersten Straftaten wie auch die medial verbreitete rassistische Hetzkampagne der Unionsparteien gegen das Asylrecht, die in den sogenannten Baseballschlägerjahren von den Täter*innen als Legitimation begriffen wurden, hatten den Boden für die Radikalisierung des NSU-Kerntrios, seiner Unterstützer*innen und einer ganzen ‚Generation Terror' bereitet. Ideologisch wird diese Generation bis heute von einem mörderischen Rassismus und Antisemitismus sowie vom NSU-Prinzip ‚Taten statt Worte' und dem Konzept des ‚führerlosen Widerstands' angetrieben. Dabei werden der mörderische Antisemitismus und die Verherrlichung der nationalsozialistischen Shoah als ideologische Motive, welche die ‚Generation Hoyerswerda' mit der ‚Generation Terror' von heute verbinden, allzu oft außer Acht gelassen.[32]

Der im Juni 2019 ermordete langjährige CDU-Regierungspräsident von Kassel, Walter Lübcke, könnte noch leben, ist der irakische Asylsuchende Ahmed I. überzeugt: wenn die Ermittlungsbehörden im Frühjahr 2016 seinen Hinweisen auf Rassismus als Tatmotiv für

---

31 Zum aktuellen Stand vgl. NSU Watch / VBRG e.V.: *Vor Ort – gegen Rassismus, Antisemitismus und rechte Gewalt*. Podcast, Folge 34 „Wie weiter im Neukölln-Komplex? Teil 1: Der Neukölln-Komplex vor Gericht" mit Ferat Koçak, Heinz Ostermann, Christiane Schott und Franziska Nedelmann. https://verband-brg.de/podcast-folge-34-vor-ort-der-neukoelln-komplex-teil-1/; Folge 35 „Wie weiter im Neukölln-Komplex? Teil 2: Der Untersuchungsausschuss zum Neukölln-Komplex" mit Bianca Klose, Helga Seyb und Ulli Jentsch. https://verband-brg.de/podcast-folge-35-vor-ort-der-neukoelln-komplex-teil-2/ (Zugriffe am 13.03.2023).
32 Vgl. Heike Kleffner: Mörderischer Antisemitismus und das NSU-Netzwerk. In: Zimmermann / Klaus (Hrsg.): *Vom Lernen und Verlernen*, S. 47–52.

den Mordversuch an ihm Glauben geschenkt, die Empfehlungen des NSU-Untersuchungsausschusses ernst genommen und mit Nachdruck gegen bekannte Neonazis in der Umgebung ermittelt hätten. Am Abend des 6. Januar 2016 wurde Ahmed I. in Lohfelden bei Kassel auf dem Bürgersteig von hinten angegriffen und mit Messerstichen in den Rücken lebensgefährlich verletzt. Ahmad I.s Aussagen gegenüber Polizeibeamten, dass es sich bei dem Angriff möglicherweise um die Tat eines Neonazis oder Rassisten nach den Ereignissen in der Kölner Silvesternacht 2015/2016 handeln könne, verhallten ungehört. Stattdessen wurde Ahmed I.s Mitbewohner in der Flüchtlingsunterkunft der Täterschaft verdächtigt und zeitweise in Untersuchungshaft genommen.[33]

Knapp zwei Monate vor dem Mordversuch an Ahmed I. hatte sich Walter Lübcke als Regierungspräsident in Kassel mit klaren Worten bei einer Versammlung mit 800 Bürger*innen für die Umwandlung eines ehemaligen Baumarkts in eine Flüchtlingsunterkunft in Lohfelden ausgesprochen und damit gegen rassistische Hetze und Pöbeleien seines späteren Mörders und anderer Neonazis aus dem Umfeld der Gruppierung ‚Kagida – Kassel gegen die Islamisierung des Abendlandes' gewandt.

Es lohnt sich, in unserem Land zu leben. Da muss man für Werte eintreten, und wer diese Werte nicht vertritt, der kann jederzeit dieses Land verlassen, wenn er nicht einverstanden ist. Das ist die Freiheit eines jeden Deutschen,[34]

hielt Lübcke den pöbelnden Neonazis entgegen.

Zwei Tage später, nachdem Kagida einen gekürzten Ausschnitt der Antwort Lübckes über Facebook verbreitet, der extrem rechte

---

33 Vgl. Martin Steinhagen: *Rechter Terror. Der Mord an Walter Lübcke und die Strategie der Gewalt.* Hamburg: Rowohlt 2021, S. 104.
34 Walter Lübcke, zit. n. ebd., S. 122.

Blog *PI News* seine Privatanschrift veröffentlicht und der Regierungspräsident hunderte Drohmails und Morddrohungen erhalten hatte, bekräftigte Lübcke seine Haltung in einem Interview:

> *Unser Zusammenleben beruht auf christlichen Werten. Damit eng verbunden sind die Sorge, die Verantwortung und die Hilfe für Menschen in Not. An diese christlichen Kernbegriffe hatte ich erinnert, als ich immer wieder durch Zwischenrufe wie ‚Scheiss-Staat!' und durch hämische Bemerkungen unterbrochen wurde.*[35]

Glaubt man dem Geständnis seines Mörders, starb Walter Lübcke wegen dieser Sätze. Sie kursierten bis zuletzt – gemeinsam mit Mordaufrufen – in rechten Filterblasen.[36]

In jenen Herbstwochen des Jahres 2015, als knapp 900.000 Menschen vor allem aus Syrien in Deutschland Schutz und Asyl vor Verfolgung und Bürgerkrieg suchten, war Walter Lübcke einer von hunderten Kommunalpolitiker*innen, die Morddrohungen erhielten. Doch Forderungen, die Sicherheitsbehörden müssten dringend die fatale Wechselwirkung von rechtsextremen Onlinekampagnen und organisierten rechten Netzwerken in den Blick nehmen, verhallten nahezu ungehört. Erich Pipa, SPD-Landrat im südhessischen Main-Kinzig-Kreis, geriet im September 2015 ebenfalls in den Fokus einer von Neonazis und rechtsextremen Blogs befeuerten Kampagne – und blieb es auch, nachdem er Mitte Juli 2017 auf eine erneute Kandidatur verzichtet hatte. Pipas bittere Bilanz damals: „Ich fühle

---

[35] Peter Ketteritzsch: Walter Lübcke im Interview: „Ich bleibe bei meiner Aussage". In: *Hessische Allgemeine Nachrichten*, 17.10.2015. https://www.hna.de/lokales/kreis-kassel/lohfelden-ort53240/nach-umstrittenen-aussagen-regierungspraesident-luebcke-aeussert-sich-5652974.html (Zugriff am 04.04.2020).
[36] Steinhagen: *Rechter Terror*, S. 150.

mich vom Staat alleine gelassen. Kommunalpolitiker werden vom Staatsschutz nicht geschützt."[37]

Am zögerlichen Agieren der Behörden änderte sich auch nach den rechtsextrem motivierten Mordversuchen an der parteilosen Oberbürgermeisterin von Köln, Henriette Reker, am 17. Oktober 2015 und dem Altenaer CDU-Bürgermeister Andreas Hollstein im Oktober 2017 wenig. Die Angreifer erhielten stets das Label des ‚radikalisierten Einzeltäters'.

Der wegen des Mordes an Walter Lübcke im Januar 2021 zu lebenslanger Haft verurteilte Neonazi Stephan E., Jahrgang 1975, wurde ebenso wie der Reker-Attentäter und hunderte weitere militante Neonazis der ‚Generation Hoyerswerda' in den 1990er Jahren politisch sozialisiert. Die Parallelen zwischen den Biografien des NSU-Kerntrios und der Biografie von Stephan E. sind kaum zu übersehen: Als Fünfzehnjähriger verübte er in Hessen einen Brandanschlag auf ein überwiegend von Migrant*innen bewohntes Mehrfamilienhaus, wenig später verletzte er einen Imam aus rassistischen Motiven mit einem Messer lebensgefährlich. 1993 konnten die Bewohner*innen einer Flüchtlingsunterkunft nur knapp einen von ihm geplanten Brand- und Rohrbombenanschlag verhindern. Nach seiner Haftentlassung beteiligte er sich an einem Angriff von 400 bewaffneten, sogenannten autonomen Nationalisten und Combat-18-Aktivisten auf eine Gewerkschaftskundgebung am 1. Mai 2009 in Dortmund. Letzter Anstoß zum tödlichen Attentat auf Walter Lübcke waren für Stephan E. nach eigenen Angaben die rassistischen Mobilisierungen von tausenden Aktivist*innen der extremen Rechten und der AfD in Chemnitz 2018, an denen er

---

37 Erich Pipa, zit. n. Landrat Erich Pipa beendet seine politische Karriere. In: *Frankfurter Neue Presse*, 17.06.2017. https://www.fnp.de/lokales/wetteraukreis/landrat-erich-pipa-beendet-seine-politische-karriere-10457114.html (Zugriff am 26.01.2023).

sich gemeinsam mit weiteren Neonazis aus Kassel und dem militanten Netzwerk hessischer Neonazis beteiligte.[38]

Nachdem er vier Jahre in ständiger Angst vor einer erneuten Begegnung und neuerlicher rassistischer Gewalt in Lohfelden ausgeharrt hatte, wandte sich Ahmed I. nach dem Mord an Walter Lübcke 2019 erneut an die Strafverfolgungsbehörden. Aber erst im Sommer 2019 nach der Festnahme des vorbestraften Neonazis Stephan E. – dem mittlerweile rechtskräftig verurteilten Mörder von Walter Lübcke – nahmen die Ermittlungsbehörden die Hinweise von Ahmed I. auf einen mutmaßlichen neonazistischen Hintergrund für den Mordversuch in 2016 ernst. Doch das Oberlandesgericht Frankfurt sprach den dringend tatverdächtigen Stephan E. im Januar 2021 wegen des Vorwurfs des Mordversuchs an Ahmed I. frei.[39] Ahmed I. und sein Nebenklagevertreter sowie die Generalbundesanwaltschaft scheiterten im August 2022 mit ihren Revisionsanträgen beim Bundesgerichtshof. Dass der Mörder von Walter Lübcke vom Vorwurf des Mordversuchs an ihm freigesprochen wurde, hat das Vertrauen von Ahmed I. in den Rechtsstaat schwer erschüttert.[40]

Armin Kurtović, Vater des am 19. Februar 2020 in Hanau ermordeten Hamza Kurtović, beschrieb diese Erschütterung wie folgt:

---

38 Steinhagen: *Rechter Terror*, S. 155.

39 „Woher kommt mein Blut an seinem Messer?" Statement von Ahmed I. anlässlich der Urteilsverkündung am OLG Frankfurt, 28.01.2021. In: *VBRG*, o. D. https://verband-brg.de/gerechtigkeit-und-aufklaerung-nach-dem-rassistischen-mordversuch-an-ahmed-i/ (Zugriff am 04.04.2022).

40 Vgl. Plädoyers von Ahmed I. und Nebenklagevertreter Alexander Hoffmann vor dem OLG Frankfurt, 12.01.2021. In: *VBRG*, o. D. https://verband-brg.de/gerechtigkeit-und-aufklaerung-nach-dem-rassistischen-mordversuch-an-ahmed-i/ (Zugriff am 04.04.2022).

Mein Sohn war blond, wie meine Frau. Einmal kam er von einem Date zurück und erzählte, dass die Frau im ersten Moment nicht begriffen hat, dass er Hamza ist – sie hatte nach einem dunkleren Mann Ausschau gehalten. Er witzelte, dass er einen anderen Namen bräuchte. Aber von der Polizei wurde er als ‚orientalisch' beschrieben. Was soll an ihm orientalisch gewesen sein? Ich glaube, die haben alle in dieser Shisha-Bar einfach als Ausländer gesehen. Und ich glaube, dass vieles hier und in Deutschland anders gelaufen wäre, wenn die Opfer andere Namen hätten, wenn sie Stefan und Marie geheißen und in Waldis Bierkeller gesessen hätten. Es gibt so vieles, das ich Hamza gerne noch sagen würde. So vieles. Aber eine Sache habe ich wirklich neu gelernt. Er ist viel kontrolliert worden von der Polizei in den vergangenen Monaten. Einmal kam er nach Hause und war richtig wütend über eine Kontrolle. Ich habe ihm damals gesagt: ‚Reg dich nicht auf, die Polizisten machen auch nur ihren Job.' Aber er war wirklich sauer. ‚Warum machen die ihren Job immer nur bei mir? Weil ich eine Jogginghose trage? Was wollen die?', hat er gefragt. Wir hatten eine kleine Diskussion, er ist rausgestürmt. Und dann kam er noch mal zurück ins Zimmer und sagte ‚Du verstehst das nicht, Papa. Aber irgendwann, irgendwann wirst du es verstehen.' Ich habe verstanden. Das würde ich ihm gern sagen.[41]

VERTRAUENSVERLUST UND TÄTER-OPFER-UMKEHR Zum Vertrauensverlust insbesondere in Polizei und Justiz tragen sowohl Racial Profiling als sichtbarer Ausdruck von institutionellem Rassismus als auch Straflosigkeit nach rassistisch motivierter Polizeigewalt

---

41 Franziska Bulban: ‚Ich glaube, dass vieles anders gelaufen wäre, wenn die Opfer andere Namen gehabt hätten.' Armin und Diana Kurtović sprechen über ihren in Hanau ermordeten Sohn, Hamza Kurtović. In: *Der Spiegel*, 21.08.2020. https://www.spiegel.de/panorama/ich-glaube-dass-vieles-anders-gelaufen-waere-wenn-die-opfer-andere-namen-haetten-a-ab0a8b5f-a84e-4de5-8c3f-6110a87e69cb (Zugriff am 04.06.2022).

bei. Und die offensichtlich lückenhafte, blockierte Strafverfolgung, wenn Polizist*innen – wie im NSU-2.0-Komplex oder im Nordkreuz-Komplex – durch Dienstcomputer Zugriff auf private Daten politischer Gegner*innen haben und damit Feindes- und Todeslisten erstellen, in Chatgruppen die Shoah leugnen und Hakenkreuze posten.[42] Auch viele Menschen, die im Zuge der rassistischen Mobilisierungen ab 2015/2016 sowie im Umfeld von Demonstrationen der Coronaleugner*innen-Bewegung von organisierten Neonazis und Rassist*innen angegriffen und verletzt wurden, teilen den Vertrauensverlust der von den NSU-2.0-Morddrohungen Betroffenen. Zwei Beispiele von vielen: Eine Gruppe junger Erwachsener aus Chemnitz und Marburg, die am 1. September 2018 gegen den Aufmarsch von mehreren tausend Anhänger*innen der extremen Rechten in Chemnitz demonstriert hatte, wurde anschließend von organisierten Neonazis regelrecht gejagt. Obwohl die Identität der Tatbeteiligten schon kurze Zeit nach dem Angriff bekannt war, wartete die Justiz im NSU-Kernland Sachsen bis zum September 2021 mit einer Anklage gegen zwei Dutzend Neonazis aus dem gesamten Bundesgebiet. Ein Prozessbeginn wird frühestens fünf Jahre nach den Taten im Sommer 2023 erwartet. Von dem langen Zeitraum zwischen schweren Gewalttaten und Hauptverhandlungen profitieren gewalttätige Neonazis auch in Thüringen, dem zweiten NSU-Kernland. Mehr als drei Jahre dauerte es bis zum Prozessbeginn nach einem brutalen Angriff auf

---

42 Verantwortlich für den Vertrauensverlust ist die Justiz: So ließ etwa das Landgericht Frankfurt am Main die Anklage gegen sechs Polizeibeamt*innen vom 1. Hauptrevier in Frankfurt am Main im NSU-2.0-Komplex nicht zu. Die Begründung: Die unstrittig antisemitischen und NS-verherrlichenden Inhalte seien nicht öffentlich verbreitet worden und teilweise von der Kunstfreiheit gedeckt gewesen. Vgl. Landgericht lässt Anklage gegen Polizisten nicht zu. In: *Der Spiegel*, 01.03.2023. https://www.spiegel.de/panorama/justiz/frankfurt-am-main-rassistische-aeusserungen-in-chats-landgericht-laesst-anklage-gegen-polizisten-nicht-zu-a-da58a582-20cd-4dcb-bc6d-48666bd32851 (Zugriff am 08.03.2023).

zwei Journalisten vor dem Haus von Thorsten Heise, einem langjährigen Neonazikader mit engen Verbindungen zum NSU-Unterstützer*innennetzwerk, im April 2018. Die verletzten Journalisten waren nicht nur mit desinteressierten Strafverfolgern, sondern auch einer massiven Diskreditierung ihrer Glaubwürdigkeit durch die örtlichen Ermittlungsbehörden konfrontiert. Inzwischen hat die Beweisaufnahme im Prozess am Landgericht Mühlhausen gezeigt, wie weitreichende Zugeständnisse der Polizei vor Ort dem als ‚Justizwunder'[43] bekannten Thorsten Heise eine Hausdurchsuchung ersparten und den Neonazi-Angreifern die Beseitigung wichtiger Beweismittel ermöglichten.[44] Viereinhalb Jahre nach dem brutalen Angriff verurteilte das Landgericht Mühlhausen die beiden Neonazis dann wegen Sachbeschädigung und gemeinschaftlicher Körperverletzung lediglich zu minimalen Geldstrafen und 200 Arbeitsstunden.[45] Die verstörende Täter-Opfer-Umkehr, mit der das Gericht in der mündlichen Urteilsverkündung das Narrativ der Neonazis übernahm und die Verletzten als „Linke" für den Angriff verantwortlich machte, sowie die Missachtung der Pressefreiheit führten bundesweit zu Kritik bei Journalist*innenverbänden und Berichterstatter*innen.[46]

---

43 Vgl. „Justizwunder" Thorsten Heise und seine Kameraden. In: *Antifaschistisches Infoblatt*, 09.10.2019. https://www.antifainfoblatt.de/artikel/%E2%80%9Ejustizwunder%E2%80%9C-thorsten-heise-und-seine-kameraden (Zugriff am 01.10.2023).

44 Vgl. Sebastian Leber: Skandalöse Polizeiarbeit nach Neonazi-Angriff in Fretterode. In: *Tagesspiegel*, 27.01.2022. https://plus.tagesspiegel.de/gesellschaft/skandalose-polizeiarbeit-nach-naziangriff-das-ermittlungsdesaster-von-fretterode-374602.html (Zugriff am 04.04.2022).

45 Vgl. Skandal-Urteil im Fretterode-Prozess: Thüringer Justiz schützt Pressefreiheit nicht – Betroffene Journalisten werden im Stich gelassen. In: *ezra*, 15.09.2022. https://ezra.de/skandal-urteil-im-fretterode-prozess-thueringer-justiz-schuetzt-pressefreiheit-nicht-betroffene-journalisten-werden-im-stich-gelassen/ (Zugriff am 10.01.2023).

46 Vgl. Stefan Locke: Dieses Urteil ist ein Skandal. In: *FAZ*, 16.09.2022. https://www.faz.net/aktuell/feuilleton/fretterode-urteil-ist-ein-skandal-auf-dem-rechten-auge-blind-18322185.html (Zugriff am 10.01.2023).

1 KONTINUITÄTEN RECHTER GEWALT

SOLIDARITÄT UND EIN PERSPEKTIVWECHSEL: #SAYTHEIRNAMES Wer heute mit überlebenden Opfern der ersten Welle rassistischer und neonazistischer Gewalt gegen Jüdinnen und Juden, Sint*izze, junge Linke und Menschen mit Migrations- und Fluchterfahrungen Anfang und Mitte der 1990er Jahre spricht, erlebt immer wieder Frauen und Männer, die das Trauma der Gewalterfahrung – oder des Verlusts von Angehörigen – auch zwanzig oder dreißig Jahre nach der Tat nicht endgültig verarbeiten konnten, weil sie in den entscheidenden Momenten alleine gelassen wurden: So wie Ibrahim Arslan, der als Siebenjähriger einen mörderischen, rassistischen Brandanschlag auf das Haus seiner Familie im November 1992 in Mölln (Schleswig-Holstein) überlebte. Als im Herbst 2020 bekannt wurde, dass die Stadt Mölln der Familie Arslan mehr als 3.000 Solidaritäts- und Beileidsbriefe vorenthalten hatte, die 1992 als Reaktion auf den Brandanschlag an die Hinterbliebenen versandt worden waren, betonte Ibrahim Arslan erneut die Bedeutung der unmittelbaren Solidarität für die Bearbeitung des erlittenen Traumas, aber auch für die Wiederherstellung der eigenen Handlungsfähigkeit:

> *Wir hätten unseren Kampf, den wir heute führen, wenn es um die Perspektive der Betroffenen geht, schon in den 90ern führen können, denn das hätten wir mit diesen Menschen vielleicht machen können. Alles das wurde uns nicht gewährt. Das hätte uns extrem viel bedeutet.*[47]

Auch die Freund*innen des im Mai 1992 von Neonazis erschlagenen Torsten Lamprecht, die bei dem Überfall von 50 Neonazis auf eine

---

[47] NSU Watch: Interview mit Ibrahim Arslan: Die Solidarität wurde uns verheimlicht. In: *NSU Watch*, 09.12.2020. https://www.nsu-watch.info/2020/12/die-solidaritaet-wurde-uns-verheimlicht-indem-man-sie-27-jahre-lang-archiviert-hat-interview-mit-ibrahim-arslan/ (Zugriff am 04.04.2022).

Punk-Geburtstagsparty im Magdeburger Lokal Elbterrassen selbst schwer verletzt wurden, beschrieben noch im Dezember 2020 in einem Interview für eine Dokumentation von rbb und *Zeit Online* das bis heute anhaltende Gefühl von Hilflosigkeit und Erniedrigung, weil Polizei und Justiz sich auf die Seite der Täter stellten.[48] Das gesellschaftliche Desinteresse und die mangelnde Solidarität haben diese Ohnmachtserfahrung bis heute als vorherrschendes Gefühl im Leben der Überlebenden rechter Gewalt der Baseballschlägerjahre eingeschrieben.

Daher ist es unbedingt als Erfolg zu werten, dass seit dem Aufbau der unabhängigen Beratungsstellen in Berlin, Brandenburg, Mecklenburg-Vorpommern, Sachsen, Sachsen-Anhalt und Thüringen ab 1998 bzw. 2001 und dem Ausbau der Beratungsstellen ab 2007 in den westdeutschen Flächenländern sowie dem Auf- und Ausbau der communitybasierten Beratungsstellen wie OFEK e. V.[49] ab 2017 tausende Betroffene rechter, rassistischer und antisemitischer Gewalt sowie Angehörige, Freund*innen der Betroffenen und Zeug*innen solidarisch und effektiv begleitet und unterstützt wurden. Für diese Betroffenen neonazistischer Angriffe und rassistischer und antisemitisch motivierter Gelegenheitstäter*innen bedeutete das zum Beispiel ganz konkret: durch kompetente Nebenklagevertreter*innen in Strafprozessen gegen die Täter*innen begleitet zu werden, bei der Anzeigenaufnahme und Zeugenvernehmungen bei Polizei und Staatsanwaltschaften der eigenen Perspektive und rechten oder rassistischen Hintergründen Gehör zu verschaffen; Hilfe bei der Auseinandersetzung mit Jobcentern und Ausländerbehörden zu erhalten, sicheren Wohnraum nach Überfällen auf die eigene Wohnung zu finden, als Asylsuchende

---

48 *Baseballschlägerjahre* (D 2021, rbb/Zeit Online, R: Adama Ulrich). https://www.ard-mediathek.de/sendung/baseballschlaegerjahre/staffel-1/Y3JpZD0vL3JiYi5kZS9iYXNlYmFsbHNjaGxhZWdlcmphHJl/1/ (Zugriff am 04.04.2022).

49 Vgl. OFEK e. V. Beratungsstellen bei antisemitischer Gewalt und Diskriminierung. https://ofek-beratung.de (Zugriff am 05.06.2022).

1 KONTINUITÄTEN RECHTER GEWALT

Umverteilungsanträge in größere Städte durchzusetzen, therapeutische Behandlung in der Muttersprache zu erhalten und die eigene Perspektive auch öffentlich den oftmals die Realität verzerrenden Darstellungen von Polizei und/oder Täter*innen entgegensetzen zu können. Kurzum: nicht mehr alleine gelassen zu sein bei der Bewältigung von materiellen und immateriellen Folgen der Gewalt- und Ohnmachtserfahrungen und vielfältige Handlungsoptionen zu deren Überwindung zur Verfügung zu haben.

Die Bedeutung – und die Notwendigkeit – dieser zumeist unspektakulären, oft mühsamen und lang andauernden Beratungs- und Unterstützungsarbeit kann auch vor dem Hintergrund, dass sie in den alten Bundesländern erst seit 2007 und dort noch immer keinesfalls flächendeckend vorhanden ist, nicht hoch genug bewertet werden.

Doch nicht erst seit der erneuten Zuspitzung rassistischer und antisemitischer Gewalt ab 2014/2015, dem rechtsterroristisch, antisemitisch und rassistisch motivierten Attentat auf die Synagoge und den Kiez Döner in Halle (Saale) an Jom Kippur 2019, dem rassistischen Attentat in Hanau im Februar 2020 und der Zuspitzung von Antisemitismus, Rassismus und rechter Gewalt durch Neonazis, rechtsextreme Coronaleugner*innen, Reichsbürger*innen, Putin-Apologet*innen und rassistische Gelegenheitstäter*innen zeigt sich bundesweit: Die Marginalisierung vieler Angegriffener sowie die anhaltend dünne Personal- und Sachmittelausstattung der Beratungsprojekte insbesondere in den westdeutschen Flächenländern führen dazu, dass ca. ein Viertel der Betroffenen rechter und rassistischer Gewalt den Zugang zu den Hilfs- und Unterstützungsangeboten der Projekte erst relativ lange nach der Gewalttat findet – oder auch gar nicht. Dies gilt insbesondere, aber keineswegs nur für Menschen mit Fluchterfahrungen, die langjährig im Status der sogenannten Duldung praktisch von gesellschaftlicher Teilhabe ausgeschlossen sind, für Menschen mit psychischen oder physischen Beeinträchtigungen sowie für Wohnungslose und Betroffene von Gewalttaten durch Coronaleugner*innen. Das im Vergleich zu anderen Gewaltdelikten große Dunkelfeld nicht angezeigter und nicht-registrierter politisch rechts, antisemitisch und rassistisch motivierter Gewalttaten bedeutet, dass eine Strafverfolgung der Täter*innen nicht stattfindet. Zudem bleiben viele Betroffene ohne Unterstützung. Wie groß das Problem ist, zeigen Ergebnisse mehrerer Studien: etwa des *Deutschen Viktimisierungssurveys 2017*,[50] für den das Kriminalistische Institut des Bundeskriminalamts (BKA) bei einer repräsentativen Bevölkerungsumfrage mehr als 30.000 Menschen ab 16 Jahren nach ihren Opfererfahrungen befragt hatte. Die BKA-Studie geht davon aus, dass sich bundesweit 22,9 Fälle von vorurteilsgeleiteten Körperverletzungen aus dem Themenfeld der sogenannten Hasskriminalität pro 1.000 Einwohner*innen ereignen. Am zweithäufigsten sind dabei laut der BKA-Studie Fälle, bei denen die Herkunft des Opfers entscheidend für dessen Viktimisierung ist (6,3 Fälle pro 1.000 Einwohner*innen).[51] Eine Dunkelfeldstudie des Landeskriminalamts Schleswig-Holstein aus dem Jahr 2017 zu *Erfahrung und Folgen von Vorurteilskriminalität* kommt u. a. zu dem Ergebnis, dass die Mehrzahl vorurteilsmotivierter Straftaten von den Opfern nicht angezeigt wurde – die mittlere Anzeigequote liege demnach bei 29,3 Prozent.[52] Die Studien zeigen auch, dass sich seit den 2000er Jahren am Dunkelfeld wenig geändert hat. Denn schon Helmut Willems und Sandra Steigleder hatten in einer auf das Bundesland Nordrhein-Westfalen beschränkten Studie über Täter*innen und Opfer „fremdenfeindlicher Gewalt"[53] im Jahr 2003,

---

50 Kriminalistisches Institut des Bundeskriminalamts: *Der Deutsche Viktimisierungssurvey 2017*. Wiesbaden: Bundeskriminalamt 2018.

51 Ebd., S. 27 (Kap. 3.2.3 „Opfererfahrungen im Bereich Vorurteilskriminalität").

52 Arne Dreißigacker/Kriminologisches Forschungsinstitut Niedersachsen: *Erfahrung und Folgen von Vorurteilskriminalität. Schwerpunktergebnisse der Dunkelfeldstudie des Landeskriminalamtes Schleswig-Holstein 2017*. Hannover/Kiel: KFN 2018, S. 24–25.

53 Der Begriff der ‚Fremdenfeindlichkeit' wird von Helmut Willems/Sandra Steigleder hier synonym mit Rassismus verwendet. In der Studie fällt auf, dass

die auf der Auswertung von insgesamt 284 polizeilichen Ermittlungsakten basierte, festgestellt, dass 20 Prozent der Betroffenen keine Strafanzeige gestellt hatten. Zu strafrechtlichen Ermittlungen war es dennoch gekommen, weil es sich bei den Gewalttaten um Offizialdelikte gehandelt hatte, bei denen die Polizei zu Ermittlungen verpflichtet ist und die Betroffenen im Nachgang zur Tat ermittelt wurden. Der Blick in die Statistiken macht deutlich, wie notwendig der aufsuchende Beratungsansatz der spezialisierten Opferberatungsstellen für Betroffene rechter, rassistischer und antisemitisch motivierter Gewalt ist.

Doch der wichtigste Paradigmenwechsel ist durch die neuen und lautstarken Allianzen von Überlebenden und Hinterbliebenen rassistischer und antisemitischer Gewalt und Attentate der letzten 40 Jahre entstanden. Ihre Beharrlichkeit, ihr beispielloser Mut und ihre Solidarität über alle Differenzen hinweg haben einen dringend notwendigen Perspektivwechsel eingeläutet: „Die Opfer und Überlebenden sind keine Statisten, sondern die Hauptzeugen des Geschehenen"[54], sagt Ibrahim Arslan, Überlebender des mörderischen rassistischen Anschlags von Mölln. Dieser Leitsatz und die Forderung der Überlebenden der Attentate von Halle (Saale) und Hanau – #saytheirnames – sind damit verbunden, die Namen der Attentäter nie mehr zu nennen und bundesweit für ein würdiges Gedenken und gegen die Einzeltäter- und Schlussstrich-Narrative zu kämpfen. Es sind Initiativen wie Duisburg 1984, der Freundeskreis in Gedenken an die rassistischen Brandanschläge in Mölln 1992, Herkesin Meydanı – Platz für Alle! in Köln, die Soligruppe Kiez Döner/TeKiez, in der sich zahlreiche Überlebende des Attentats auf die Synagoge in Halle (Saale) an Jom Kippur zusammengeschlossen

---

Willems/Steigleder davon ausgehen, dass Polizei und Verfassungsschutz den Begriff um die Jahrtausendwende operativ teilweise auch für Angriffe auf linke oder nicht-rechte Betroffene ohne Migrationshintergrund verwendet haben.

54 Vgl. Kampnagel Hamburg: Möllner Rede im Exil. In: *YouTube*, 20.11.2022. https://www.youtube.com/watch?v=flm6rjAlC2k (Zugriff am 10.01.2023).

haben, die Initiative 19. Februar Hanau und die Bildungsinitiative Ferhat Unvar, die Initiative zur Aufklärung des Mordes an Burak Bektaş, die Initiative kritisches Gedenken in Erlangen oder die Initiative zur Erinnerung an Blanka Zmigrod in Frankfurt am Main, die diesen Perspektivwechsel gegen viele Widerstände durchgesetzt haben und weiter durchsetzen. Denn letztendlich geht es darum, wie es die Überlebende des Halle-Attentats Naomi Henkel-Gümbel formulierte, „was aus dem Elend dieses Tages erwuchs, ist Solidarität"[55]. Auch der langjährige Terrorismus-Opferbeauftragte der CDU-SPD-Bundesregierung Edgar Franke hatte diesen Perspektivwechsel bei der Vorstellung seines Abschlussberichts im November 2021 im Bundestag angemahnt:[56] Nicht nur in Sonntagsreden, sondern im Alltag von Ermittlungsbehörden, politisch Verantwortlichen und Zivilgesellschaft, damit die Forderungen, die so viele Betroffene rechter Gewalt mit den Hinterbliebenen und Überlebenden des NSU-Terrors, der Attentate von Halle an Jom Kippur 2019 und Hanau teilen, nicht weiter ergebnislos verhallen.

---

[55] Schlusswort von Naomi Henkel-Gümbel in: Schlussworte der Nebenkläger*innen im Halle-Prozess. In: *VBRG*, 18.12.2020. https://verband-brg.de/dokumentation-der-schlussworte-im-halle-prozess-hoert-den-ueberlebenden-zu (Zugriff am 10.01.2023).

[56] Vgl. Edgar Franke: Abschlussbericht des Beauftragten der Bundesregierung für die Anliegen von Opfern und Hinterbliebenen terroristischer Straftaten im Inland. In: *Bundesministerium der Justiz*, 02.11.2021. https://www.bmjv.de/SharedDocs/Downloads/DE/Fachinformationen/2021_Abschlussbericht_Opferbeauftragter_Zusammenfassung.pdf?__blob=publicationFile&v=3 (Zugriff am 04.04.2022).

ANTISEMITISCHE GEWALTDYNAMIKEN IN UND JENSEITS EXTREMER GEWALT

MARINA CHERNIVSKY / FRIEDERIKE LORENZ-SINAI

2019 ereignete sich der tödliche rechtsterroristische Anschlag von Halle. Im Zuge des Strafverfahrens und des eindrücklichen Einsatzes der Nebenklage wurde die Tat als antisemitisch und rassistisch klassifiziert. In der öffentlichen Debatte über die Tat und den Prozess blieben die strukturelle Kontinuität des Antisemitismus als dauerhaftes Gewaltverhältnis jenseits extremistischer Anschläge jedoch unterbelichtet. In diesem Essay gehen wir daher der Frage nach, wie Antisemitismus in und jenseits von extremen Gewalthandlungen rezipiert und eingeordnet wird und was zu seiner Normalisierung beiträgt. Wir diskutieren die Abwehrdiskurse einer nicht-jüdischen Öffentlichkeit gegenüber der gesellschaftlichen Inhärenz des Antisemitismus mit seinen Auswirkungen auf die Betroffenen und schließen mit Überlegungen zur medialen Rezeption, Bildungsarbeit und Forschung.

EINORDNUNGSTRADITIONEN Die Rezeption und Einordnung von Antisemitismus im öffentlichen Diskurs geschieht nicht im luftleeren Raum. Das Verständnis des Phänomens hängt mit der Geschichte seiner Erforschung eng zusammen. Gerade bei bedrohlichen und stark tabuisierten sozialen Phänomenen spielt die wissenschaftliche Auseinandersetzung eine zentrale Rolle und kann zugleich Teil der Verdrängung sein. So trägt Antisemitismusforschung zur Analyse und Systematisierung antisemitischer Dispositionen bei und bewegt die Erklärungsmodelle für Antisemitismus allmählich vom Subjekt zur Gesellschaft hin.[1] Eine mittlerweile anerkannte, wenn auch brüchige Erkenntnis bezieht sich z. B. darauf, dass Antisemitismus nicht ‚nur' in der Psyche des*der Einzelnen entsteht, sondern durch vorgelagerte Denktraditionen und soziale Praktiken sowie Strukturen mitgeformt, weitergegeben und verfestigt wird. Dennoch wird Antisemitismus in Deutschland im öffentlichen Diskurs überwiegend nicht als Struktur- und Gewaltverhältnis eingeordnet, sondern eher als Einstellung, Vorurteil oder ‚falsches Wissen', das durch eine bloße Information oder Wissensvermittlung korrigierbar wäre. Seine Entstehung und Rolle in hiesigen gesellschaftlichen Institutionen werden selten zur Sprache gebracht und noch seltener als Anlass zur Intervention gesehen. Auch in der Forschung wird Antisemitismus bislang nur vereinzelt im Rahmen von Diskursen der Gewaltforschung diskutiert, wie etwa in den Studien zu Gewalt in Bildungsinstitutionen.[2]

In der Soziologie und Sozialpsychologie stand die Forschung zu Antisemitismus in Deutschland lange in der Tradition der Vorurteils- und Einstellungsstudien.[3] Die Beobachtung und Analyse

---

1   Vgl. Werner Bergmann/Rainer Erb: *Antisemitismus in der Bundesrepublik Deutschland. Ergebnisse der empirischen Forschung von 1946–1989*. Opladen: Leske + Budrich 1991, S. 18.

2   Vgl. Marina Chernivsky/Friederike Lorenz-Sinai: Einleitung. Die Wirkung der Shoah in Bildung und Erziehung heute. In: Dies. (Hrsg.): *Die Shoah in Bildung und Erziehung heute. Weitergaben und Wirkungen in Gegenwartsverhältnissen*. Opladen: Budrich 2022, S. 7–13.

3   Als Beispiel hierzu eigenen sich folgende Einstellungsstudien, in denen antisemitische Einstellungen partiell mit erhoben werden: Andreas Zick/Beate Küpper (Hrsg.): *Die geforderte Mitte. Rechtsextreme und demokratiegefährdende Einstellungen in Deutschland 2020/21*. Bonn: Dietz 2021; Oliver Decker/Johannes Kiess/Ayline Heller/Elmar Brähler (Hrsg.): *Autoritäre Dynamiken in unsicheren Zeiten. Neue Herausforderungen – alte Reaktionen? Leipziger Autoritarismusstudie 2022*. Gießen: Psychosozial-Verlag 2022.

antisemitischer Einstellungen hat sich in der Bundesrepublik meist ereignisbezogen intensiviert und ist bis in die späten 1980er Jahre eher diskontinuierlich verlaufen.[4] Die ersten wichtigen Impulse im Bereich der sozialwissenschaftlichen Erforschung des Antisemitismus setzte in den 1950er Jahren das Frankfurter Institut für Sozialforschung unter der Leitung von Max Horkheimer, Theodor W. Adorno, Friedrich Pollock u. a. mit ihren bereits in den USA begonnenen theoretischen und empirischen Analysen, gleichwohl auch hier vorwiegend aus dem Blickwinkel der Vorurteilsforschung.[5] Das einschlägige *Gruppenexperiment*[6] lieferte z. B. bedeutende Erkenntnisse zum Nachkriegsantisemitismus in den frühen 1950er Jahren. Die Studie erzielte zwar keine repräsentativen Ergebnisse, brachte jedoch bedeutende Einblicke in die Haltungen der Deutschen zum Nationalsozialismus und Antisemitismus sowie in Einstellungen zu Juden, einschließlich der Abwehr, Schuldverdrängung, Schuldzuweisung und Verteidigungserzählungen – alles Befunde, die bis heute ihre Relevanz haben und zum tiefergehenden Verstehen des Post-Shoah-Antisemitismus beitragen.[7]

Das Wissen um die Spezifika und Kontinuität des sogenannten sekundären Antisemitismus hat die Selbstgewissheit der Erinnerungskultur und die damit einhergehende Frage des materiellen wie auch immateriellen Erbes scheinbar nicht durchdrungen. Die

---

4 Vgl. Bergmann/Erb: *Antisemitismus in der Bundesrepublik Deutschland*, S. 11.
5 Ebd., S. 11–12.
6 Vgl. ebd., S. 12–13: Das Gruppenexperiment unter Leitung von Friedrich Pollock (1955) war die erste Studie des Instituts für Sozialforschung nach seiner Wiedergründung (1950). Das Studiendesign wurde in der Tradition der in den USA entwickelten Vorurteilsforschung angelegt, stützte sich aber eher auf den methodischen Ansatz aus der Psychoanalyse. Mehr hierzu: Friedrich Pollock: *Gruppenexperiment. Ein Studienbericht*. Frankfurt am Main: EVA 1955.
7 Vgl. ebd.; Werner Bergmann/Rainer Erb: Kommunikationslatenz, Moral und öffentliche Meinung. Theoretische Überlegungen zum Antisemitismus in der Bundesrepublik. In: *Kölner Zeitschrift für Soziologie und Sozialpsychologie* 38,2 (1986), S. 223–246.

Tradition, Antisemitismus losgelöst von der transgenerationalen Verstrickung, jenseits der Selbstverständnisse und Handlungsmacht von Institutionen oder auch als „Einstellung ohne Wirkung"[8] zu verstehen, dominiert bis heute die öffentliche (und auch politische) Einordnung antisemitischer Dispositionen. Obwohl die sogenannte Bekämpfung antisemitischer Straftaten und Übergriffe inzwischen vonseiten der Politik angegangen wird, steht die Erforschung des strukturell verankerten Antisemitismus mit seinen kurz- und langfristigen Folgen für Betroffene noch am Anfang. Mehr noch: Das zumeist ereignisbezogene, empörte und skandalisierende Sprechen über Antisemitismus zeugt von der dominanzgesellschaftlichen Vorstellung, dass Antisemitismus als reales Gewaltverhältnis eigentlich überwunden sei. Bekannt gewordene antisemitische Übergriffe und Vorfälle werden in der Öffentlichkeit häufig auf einzelne, voneinander abgrenzbare Ereignisse bezogen und auf diese Weise als Ausnahme rezipiert. Im Kontrast dazu tradieren sich die Erfahrung mit sowie die Antizipation von antisemitischen Gewalthandlungen in jüdischen Familien als soziales Wissen und Überlebensstrategie.[9] Die familienbiografischen Weitergaben antisemitischer Verfolgungsgeschichte aktualisieren sich in Gegenwartserfahrungen und verweben sich mit einer real existierenden und derzeit wieder zunehmenden Bedrohungslage.

PERSPEKTIVENDIVERGENZEN Die persistierenden antisemitischen Ressentiments, sekundärantisemitische Aggressionen der Nachkriegsjahre am Beispiel der antisemitischen „Schmierwelle"[10] wie

---

8 Marina Chernivsky: Antisemitismus als biografische Erfahrungskategorie. In: *Trauma. Zeitschrift für Psychotraumatologie und ihre Anwendungen* 18,1 (2020), S. 18–25, hier S. 19.

9 Vgl. Kurt Grünberg: Ist das Antisemitismus? Deutsch-jüdische Erfahrungen nach der Shoah. In: *Psychoanalyse. Texte zur Sozialforschung* 17,2 (2013), S. 275–286.

10 Landesarchiv Baden-Württemberg: Baden-Württemberg und die Welle antisemitischer Straftaten 1959/1960. In: *leobw – Landeskunde entdecken online*, 38/2009.

auch zahlreicher anderer Übergriffe, die stattgefundenen wie auch vereitelten Mordanschläge haben sich ins jüdische Gedächtnis eingeschrieben.[11] Im Gedächtnis der Nicht-Betroffenen spielt(e) die Gewalt des Antisemitismus vorwiegend historisch eine Rolle. Antisemitismus wird bis heute eher als anachronistisch, überpersönlich, „ungreifbar"[12] und abstrakt erlebt und so als vergangen abgeschrieben. Folglich steht diese Wahrnehmung in eindrücklicher Dissonanz zu den Wahrnehmungen und Erfahrungen von Jüdinnen und Juden.

Die Verknüpfung von Antisemitismus mit der höchsten Stufe der Gewalt – der physischen Vernichtung – ist im Bewusstsein von jüdischen Familien transgenerationell tief eingelassen. In der öffentlichen Wahrnehmung wird der Rückgriff darauf hingegen vorwiegend erinnerungspolitisch reguliert, so dass die Shoah im Zweifelsfall als Bewertungsgrundlage herangezogen wird, gegen die jede andere antisemitische Handlung banal und harmlos wirken muss.[13] Das Geschichtsbewusstsein der deutschen nicht-jüdischen Gesellschaft funktioniert dabei weitgehend ohne die Rückbindung an familiale Verstrickungen und auch ohne den Rückgriff auf diese von Generation zu Generation tradierten Auslassungen in der eigenen Biografie.[14] Die Einsicht, dass Antisemitismus auch heute Gewalt anrichten kann, wird dadurch weiter erschwert. Demgegenüber beschreiben professionelle Akteur*innen – etwa aus dem Feld der antisemitismuskritischen Bildung und spezialisierten

---

https://www.leo-bw.de/themen/landesgeschichte/baden-wurttemberg-und-die-welle-antisemitischer-straftaten-1959/1960 (Zugriff am 01.02.2022).

11 Vgl. dazu Ronen Steinke: *Terror gegen Juden. Wie antisemitische Gewalt erstarkt und der Staat versagt. Eine Anklage.* Berlin: Berlin Verlag 2020.

12 Vgl. Marina Chernivsky / Friederike Lorenz: *Antisemitismus im Kontext Schule. Deutungen und Umgangsweisen von Lehrer*innen an Berliner Schulen.* Berlin: Kompetenzzentrum für Prävention und Empowerment 2020, S. 53.

13 Vgl. Max Czollek: *Desintegriert Euch!* München: Hanser 2018, S. 35–37.

14 Vgl. Samuel Salzborn: *Kollektive Unschuld. Die Abwehr der Shoah im deutschen Erinnern.* Leipzig: Hentrich & Hentrich 2020.

Opferberatung – gegenwärtigen Antisemitismus als ein Kontinuum, in dem die individuellen und strukturellen, verbalen und tätlichen Dimensionen der Gewalt ineinandergreifen und sich miteinander verschränken.

GEWALT ALS SOZIALER PROZESS UND TEIL SOZIALER ORDNUNGEN Vergleichsweise spät hat innerhalb der deutschen Sozialwissenschaften die Diskussion darüber begonnen, was Gewalt ausmacht und wie sie als soziales Phänomen analytisch erfasst werden kann.[15] Als schwer zu erfassen zeigen sich insbesondere jene Gewaltformen, die sozial stark tabuisiert sind, durch die Betroffenen nicht versprachlicht werden (können) und/oder sich in nicht-öffentlichen Räumen vollziehen. Ein prozessuales anstatt eines definitorischen Verständnisses von Gewalt fragt nach den sozialen Prozessen, in denen gesellschaftlich und zwischenmenschlich um die Be-Deutung von gewaltförmigen Handlungen gerungen wird.[16] Die Möglichkeit zur Definition und Einordnung von Gewalt wird in dieser Perspektive als eingebettet in Machtverhältnisse beschrieben, hierarchisch abgestuft entlang unterschiedlicher Differenzlinien wie Geschlecht, Alter und Status.[17]

So ringt die Post-Shoah-Gesellschaft in der Einordnung antisemitischer Gewalt permanent um den Beleg, sowohl zur Frage, wie verbreitet Antisemitismus tatsächlich ist, als auch zur Frage, ob es

---

15 Vgl. Teresa Koloma Beck: Sozialwissenschaftliche Gewalttheorie heute. In: *Soziopolis. Gesellschaft beobachten*, 28.08.2015. https://soziopolis.de/beobachten/gesellschaft/artikel/sozialwissenschaftliche-gewalttheorie-heute/ (Zugriff am 16.12.2022).

16 Vgl. Susanne Nef/Friederike Lorenz-Sinai: Multilateral Generation of Violence. On the Theorization of Microscopic Analyses and Empirically Grounded Theories of Violence. In: *Historical Social Research* 47,1 (2022), S. 111–131. https://www.jstor.org/stable/27160788 (Zugriff am 26.01.2023).

17 Vgl. Margrit Brückner: Gewalt gegen Kinder, Frauen und in Familien. In: Hans-Uwe Otto/Hans Thiersch (Hrsg.): *Handbuch der Sozialarbeit/Sozialpädagogik*. Neuwied/Kriftel: Luchterhand 2001, S. 723–729.

sich bei konkreten Übergriffen um Antisemitismus handelt oder nicht. Der gesuchte Beleg wird zum Teil durch Definitionen, Einstellungsmessungen oder kriminalpolizeiliche Statistiken erbracht. Diesen ohne Zweifel wichtigen Formen der Erfassung und Dokumentation steht die Analyse der langfristigen psychischen und sozialen Folgen des Antisemitismus gegenüber, die u. a. in Form von Lageberichten und neuen (betroffenenorientierten) Studien[18] das Verständnis des Gegenwartsantisemitismus allmählich vervollständigt. Das in der Diskussion um Antisemitismus zutage tretende Bedürfnis nach definitorischen Grenzen und objektivierbaren Zahlen zeugt gleichwohl von einer Schwierigkeit, Antisemitismus als Gewaltordnung zu begreifen, die sich nicht nur in einzelnen Situationen ausdrückt und auch nicht an fixe soziale Gruppen gebunden ist. Indem Praktiken und Ausdrucksformen antisemitischer Gewalt in der Post-Shoah-Gesellschaft als Teil sozialer Ordnungen aus dem öffentlichen Raum weitgehend ins Private verdrängt wurden, wird eine soziale Einordnung nahegelegt, in der Antisemitismus zwar als bedauerlicher, aber eher oberflächlich zu verurteilender Einzelfall gedeutet wird.

GEWALT IN UND DURCH SPRACHE Es gibt eine verbreitete Annahme, dass Gewalt vor allem physisch – hier auch greifbar manifest – auftreten soll, um erfasst, gemessen und anerkannt zu werden. Aber nicht jede Gewalt artikuliert sich durch explizite Taten – so auch in und durch Sprache. Die Orientierung an physischen (und nicht etwa auch an mentalen) Kriterien erschwert die Vergegenwärtigung subtilerer Gewaltphänomene, die sich verbal wie auch non-verbal in zwischenmenschlichen Beziehungen, in Gruppen, Institutionen

---

18 Vgl. Andreas Zick / Andreas Hövermann / Silke Jensen / Julia Bernstein et al.: *Jüdische Perspektiven auf Antisemitismus in Deutschland. Ein Studienbericht für den Expertenrat Antisemitismus, im Auftrag des zweiten unabhängigen Expertenkreises zum Antisemitismus im Bundestag*. Bielefeld: Universität Bielefeld 2017.

und in der Gesellschaft manifestieren. Burkhard Liebsch schreibt hierzu:

> *Das Gewaltsame an der Gewalt, das, was sie zur Gewalt macht, wird zunächst als physische Verletzung erfahren. [...] Doch kann sich die Gewalt weit von der Sichtbarkeit zugefügter Verletzungen entfernen, so weit, dass sie schließlich überhaupt keine physische Spur mehr hinterlässt – und dennoch – ‚einschneidend' verletzt.*[19]

In Bezug auf Antisemitismus scheint der Zusammenhang zwischen Sprache und Gewalt zwar aufgrund der Struktur und Gesellschaftsgeschichte des Antisemitismus evident,[20] aber in Bezug auf Reaktionen und Interventionen infolge antisemitischer Konstellationen – z. B. im Schulalltag – noch nicht hinreichend ergründet worden zu sein. Die Gewaltförmigkeit des Verbalantisemitismus ist vorwiegend über den Straftatbestand der Beleidigung oder Volksverhetzung juristisch objektivierbar. Gleichwohl erfolgen auf die Thematisierung verbalantisemitischer Übergriffe hin oftmals individualisierende Einordnungen durch das nicht-jüdische Umfeld – besonders dann, wenn diese strafrechtlich nicht haltbar sind. Die empirische Rekonstruktion der Deutung und Bearbeitung verbalantisemitischer Übergriffe an Schulen im Rahmen von mehreren Schulstudien spiegelt diese Tendenzen wider: Antisemitismus wird u. a. als eine pubertäre und somit als vorübergehende Erscheinung bei Jugendlichen identifiziert und dadurch legitimiert und entschuldigt.[21] Ferner steht immer wieder neu zur Disposition, ob es sich bei verbalen Übergriffen tatsächlich um Antisemitismus handele. Eine weitere Schwierigkeit der Einordnung von

---

[19] Ebd., S. 109.
[20] Vgl. Monika Schwarz-Friesel / Jehuda Reinharz: *Die Sprache der Judenfeindschaft im 21. Jahrhundert.* Berlin / Boston: de Gruyter 2013.
[21] Vgl. Chernivsky / Lorenz: *Antisemitismus im Kontext Schule*, S. 112.

1 KONTINUITÄTEN RECHTER GEWALT

(verbalem) Antisemitismus liegt in der Annahme, dass die Gewalt als zufällig, im schlimmsten Fall als intentional und nicht als Ergebnis sozialer Ordnungen verstanden wird. Außerdem wird Antisemitismus weniger aus der ‚Opfer-Perspektive', sondern eher von der ‚Täter*innen'-Seite aus gedacht und vor diesem Hintergrund als eine intentionale Praxis verstanden. Wird die Intention infrage gestellt, verliert der Vorfall mit Blick auf seine gewaltförmige und verletzende Wirkung an Bedeutung. Antisemitische Alltagshandlungen sind aber nicht zwingend an Intentionen der Handelnden gebunden. Mit einer praxeologischen Perspektive[22] wird erkennbar, dass Antisemitismus auch in routinierten sozialen Praktiken vollzogen und auf diese Weise normalisiert werden kann. Es wäre daher wichtig, die sprachliche Gewalt insbesondere hinsichtlich ihrer Wirkung auf Betroffene zu begreifen.[23] Insbesondere bei bereits ausagierten Gewalthandlungen wird die Gewaltsamkeit und ihre Nachwirkung durch die „Gewaltsamkeit eines Schweigens"[24] und die fehlende Anerkennung der Gewaltwirkung verstärkt und die Verletzung aufrechterhalten.

ANTISEMITISCHE GEWALT ALS ANGRIFF AUF KÖRPER Teresa Koloma Beck schreibt: „Gewalt ist körperlich und muss deshalb von Körpererfahrungen her und in ihrer situativen Eigendynamik gedacht werden."[25] Im Fokus auf die sichtbaren, videografisch oder statistisch dokumentierten Situationen der Gewalt und oft auch im Fokus auf die Täter*innen, wie im Fall des Anschlags von Halle, gerät aus dem Blick, dass jede antisemitische Gewalt ein Angriff auf Körper ist. Auch wenn sich Menschen in gewaltsamen Situationen vor sichtbarer Schädigung schützen können, werden ihre

---

22 Vgl. Robert Schmidt: *Soziologie der Praktiken. Konzeptionelle Studien und empirische Analysen.* Berlin: Suhrkamp 2012.
23 Vgl. Liebsch: *Subtile Gewalt*, u. a. S. 9.
24 Vgl. ebd., S. 20.
25 Koloma Beck: Sozialwissenschaftliche Gewalttheorie heute.

Körper und so auch ihre Psyche existenziell bedroht und diese
Bedrohung schreibt sich ein und wirkt sich aus in der Angst vor
erneuten Übergriffen. Der Anschlag auf die Synagoge in Halle ist
ein solcher Angriff.

In vielen antisemitischen Handlungen verweben sich die antisemitische Sprache und physische Bedrohung. Die Schwierigkeit der Grenzziehung potenziert die Wirkung eines bis dahin vielleicht als subtil empfundenen Gewaltpotenzials. Beide Dimensionen – die verbale und die tätliche – sind zu berücksichtigen, um die Gewaltsamkeit des Antisemitismus in seiner Wirkung zu erfassen. Eine scharfe Unterscheidung zwischen dem objektivierbaren Mittel der Gewalt (z. B. einer Straftat) und der erfahrenen Gewalt (keine Straftat, aber erlebte Tat oder Bedrohung) erschwert die Anerkennung von psychisch erfahrenem Antisemitismus, während der physische Anteil der Gewalt weniger Begründung bedarf, um anerkannt zu werden.[26]

DIE GELEGTE SPUR Mit der Frage nach den psychischen und sozialen Spätwirkungen von extremer (und kollektiver) Gewalt beschäftigt sich die inzwischen weitverzweigte Shoah-, Genozid- und Traumaforschung. Die sozialen und psychologischen Folgen von Antisemitismus als gesellschaftsinhärentem Gewaltverhältnis sind jedoch vergleichsweise wenig untersucht worden. Ob und wie die schmerzhaften kollektiven Erfahrungen der Vergangenheit in die Gegenwart eingehen, wurde erst in den späten 1960er Jahren zunehmend zum Thema in der psychologischen Forschung und erst in den 1990er Jahren zu einer der zentralen Fragen der psychoanalytischen Generationsforschung. Dass Kriege, Folter, Terroranschläge bei den Betroffenen schwere Traumatisierungen hervorrufen können, ist inzwischen allgemein bekannt. Im Gegensatz zu individualbiografischen Belastungen trifft jedoch die von

---

26 Vgl. Liebsch: *Subtile Gewalt*, S. 112.

1 KONTINUITÄTEN RECHTER GEWALT

Menschen und Gruppen (wie auch von Staaten) ausgeübte, extreme Gewalt nicht ‚nur' einzelne Menschen, sondern ganze Kollektive, die durch solche Ereignisse geprägt, erschüttert und traumatisiert sein können.[27] Die Konfrontation mit Anschlägen wie in Halle ist demzufolge mehr als ein individuelles Trauma. Terroranschläge, die sich gegen die jüdische Gemeinschaft als Ganze richten, rufen verschiedene Dimensionen der Gewalt gleichzeitig auf: Es sind Gewalttaten, die von Menschen gezielt verübt werden (*man-made violence*) und gezielt gegen Menschen und Gruppen gerichtet werden (*interpersonal intentional violence*). Solche Taten greifen die körperliche, psychische und soziale Integrität der Einzelnen an und erschüttern das Gefühl des Vertrauens und der Sicherheit einer gesamten Gemeinschaft.[28] Die Angehörigen und das soziale Umfeld der Betroffenen sind ebenfalls von den Folgen der Gewalt betroffen. Vor diesem Hintergrund sind die Kernelemente der von Jüdinnen und Juden verinnerlichten Gewalt die antizipierte Bedrohung und das Gefühl der fragilen, stetig bröckelnden, zu zerbrechen drohenden Sicherheit angesichts der imaginären und zugleich allgegenwärtigen Lebensgefahr – sowie auch das Konstatieren von anderen psychischen und sozialen Langzeitfolgen.

AUSBLICK Was braucht es, um Antisemitismus als Gewalt mit den dazu gehörigen physischen, psychischen und sozialen Auswirkungen zu begreifen? Zum Ende unserer Überlegungen schlagen wir drei Ansatzpunkte vor, die uns für die mediale Rezeption, für Bildung und Forschung zu Antisemitismus relevant scheinen:

---

27 Vgl. Angela Kühner: *Trauma und kollektives Gedächtnis*. Gießen: Psychosozial-Verlag 2008.
28 Vgl. u. a. Judith L. Hermann: *Die Narben der Gewalt. Traumatische Erfahrungen verstehen und überwinden*. Paderborn: Junfermann 2006.

1) Antisemitismuserfahrungen werden durch die Art und Weise ihrer Thematisierung sozial gerahmt und dadurch validiert, relativiert oder gänzlich abgesprochen.[29] Ein Verständnis von Antisemitismus als sozialer Ordnung und Strukturphänomen ermöglicht eine mehrdimensionale Einordnung, welche nicht nur nach Objektivierung sucht, sondern auch die Wahrnehmung seiner Inhärenz und seiner Effekte ermöglicht. Die Sichtbarmachung der doppelten – subtilen wie auch extremen – Dimension antisemitischer Gewalt ist dabei zentral.

2) Antisemitismus verletzt das Recht auf psychische, körperliche und soziale Unversehrtheit und richtet sich ganzheitlich gegen den Körper, was ihn zu einem Gewaltverhältnis macht. Antisemitische Gewalt kann nicht ohne die verletzende Wirkung der Sprache und nicht ohne die mehrdimensionale Bedeutung der Körperlichkeit von Antisemitismuserfahrungen erfasst werden.

3) Schließlich muss die Indexikalität von Antisemitismus berücksichtigt werden.[30] Antisemitische Praktiken werden in ihrer Bedeutung im sozialen Rahmen ausgehandelt und eingeordnet. Die Reaktionen Dritter (Umfeld, Zeug*innen, Pädagog*innen, Strafermittler*innen, Journalist*innen und nicht zuletzt auch Forscher*innen) sind in diese Aushandlungen mit involviert und gestalten diese aktiv mit. Sie beeinflussen nicht nur, wie antisemitische Gewalt wahrgenommen und eingeordnet wird, sondern auch, ob die Betroffenen die nötige Anerkennung bekommen oder diese ihnen verwehrt bleibt.

---

29 Vgl. Chernivsky/Lorenz/Schweitzer (Hrsg.): Antisemitismus im (Schul-)Alltag.
30 Vgl. Thomas Hoebel/Teresa Koloma Beck: *Gewalt und ihre Indexikalität. Theoretische Potenziale einer kontextsensiblen Heuristik*. ORDEX Working Paper #04. Bielefeld: Universität Bielefeld 2019.

1 KONTINUITÄTEN RECHTER GEWALT

Die Rezeption und Einordnung, auch die Aufarbeitung von Antisemitismus dürfen nicht weiter durch ein formelles Schuldbekenntnis erreicht werden. Vielmehr sollte eine Betrachtung von Antisemitismus als historische und soziale Kontinuität die radikale Kritik an den Strukturen und Verhältnissen ermöglichen, die Antisemitismus in jeglicher Form erzeugen, aufrechterhalten und legitimieren.

2 — ב

JÜDISCHE GEGENWARTEN
NACH HALLE

ARE THE KIDS ALRIGHT?

*Die Folgen des Anschlags von Halle
aus der Perspektive jüdischer Familien*[1]

ROMINA WIEGEMANN

In den Tagen nach dem Anschlag auf die Synagoge in Halle wandten sich Jüdische Gemeinden, Eltern und Einzelpersonen aus unterschiedlichen Kontexten mit Beratungsanfragen an die Beratungsstelle OFEK, die sich damals noch unter dem Dach des Kompetenzzentrums für Prävention und Empowerment[2] befand. Die Gesprächsanfragen zeigten, dass insbesondere jüdische Familien in dieser Situation vor spezifische Herausforderungen gestellt waren. Wir beschlossen, unser Format der Dialoggruppen für Eltern neu aufzulegen.[3] Mit dem Ziel der Stärkung von Eltern entstanden analoge und digitale Orte des Austauschs über Erfahrungen und Strategien.

---

1   Die Bezeichnung „jüdische Familien" ist dem Format „Dialoggruppen für jüdische Familien" (Kompetenzzentrum 2016–2019) entlehnt. Dieses richtete sich auch an nichtjüdische Elternteile jüdischer/auch-jüdischer Familien (je nach eigenem Selbstverständnis).
2   Das Kompetenzzentrum ist ein Institut für Bildung und Forschung auf dem Gebiet der Antisemitismus- und Diskriminierungsprävention. Trägerverein ist die Zentralwohlfahrtsstelle der Juden in Deutschland. Das Kompetenzzentrum hat seinen Sitz in Berlin und arbeitet bundesweit.
3   Zwischen 2016 und 2019 führte das Kompetenzzentrum das Format der „Dialoggruppen für jüdische Familien" zum Schwerpunkt „Shoah Education in der Schule" durch.

Ich hoffe, dass durch folgende, auszughaft wiedergegebene Schilderungen zweierlei deutlich wird. Erstens, wie divers die jeweiligen Konstellationen und Lebensentwürfe innerhalb jüdischer/auch-jüdischer Familien in Deutschland sind und wie vielfältig die Herausforderungen waren, mit denen sie sich nach dem Anschlag von Halle konfrontiert sahen. Zweitens, welche Wirkungen der in Gesellschaft und ihren Bildungsinstitutionen angelegte Umgang mit Antisemitismus und Diskriminierung auf ebendiese Familien entfaltet. Der folgende Absatz spiegelt zunächst einige Erfahrungen jüdischer Familien nach dem Anschlag wider.

Der Anschlag ist dem 8-jährigen Lior[4] nicht verborgen geblieben. Seinen Eltern war es wichtig, ihm persönlich zu erzählen, was in Halle geschehen ist. Liors Vater Daniel berichtet davon, wie sich sein Sohn nun immer wieder in einer Performance verliert, die an ‚Krieg spielen' erinnert. Erst nach wiederholter Beobachtung begreift Daniel: Liors Spiel dreht sich um einen Synagogenbesuch. Er hat eine konkrete Vorstellung davon, was ihm dort zustoßen könnte. Und auch darüber, wie er sich dagegen zu Wehr setzen möchte.

Susanne hat keine Zeit, sich zu fragen, wie es ihr selbst heute, wenige Tage nach dem Anschlag, geht, und schaut mich irritiert an, als ich diese Frage einleitend in die Runde gebe. Sie hatte ihre beiden Grundschulkinder an der Hand, als sie nach dem Abschlussgebet von Jom Kippur vor die Synagoge trat. Dort erfuhr sie von dem Anschlag. „Die Kinder haben alles mitgeschnitten", sagt sie. „Und jetzt weigern sie sich, jemals wieder in die Synagoge zu gehen, fragen mich, ob wir in Gefahr sind." Das ältere Kind fragt: „Warum werden Juden so sehr gehasst, dass sie getötet werden sollen?" Die Worte ihrer Kinder treffen Susanne und ihren Partner bis ins Mark. Was sie aufrufen, rüttelt an

---

4 Alle Namen wurden geändert. Auch wurden einzelne, die Kernaussagen und den Kontext nicht berührende Anpassungen vorgenommen, um die Anonymität der beteiligten Personen zu wahren.

der Substanz von Elternschaft: Was kann ich tun, um meine Kinder vor Gefahren und Bedrohungen zu schützen?

Daran kann Sonja anknüpfen, auch wenn sich ihr noch eine weitere Frage stellt. Anders als Susannes Kinder wird ihre Tochter in einem überwiegend nicht-jüdischen Umfeld groß. Ihr dennoch einen Bezug zum Judentum zu ermöglichen, war Sonja aber immer ein Anliegen. Besuche in der Synagoge, Alltagsrituale, das Begehen der hohen Feiertage, an denen auch mal ein Geschenk mehr rausspringt: All dies waren bislang die jüdischen Bezugspunkte ihrer Tochter. Die anderen Eltern hören Sonja zu und bekommen den Eindruck, dass sie richtig geackert hat, um ihrem Kind diese Basis mitzugeben – und das weitgehend alleine. Eine Teilnehmerin spricht es schließlich aus: „Eine jüdische Identität, eine positive, ergibt sich nicht von selbst, schon gar nicht in diesem Land." Seit dem Anschlag, sagt Sonja schließlich, wolle ihre Tochter vom Judentum nicht mehr viel wissen. Das Jüdischsein habe jetzt etwas Bedrohliches angenommen. Wie kann es jetzt weitergehen?

Das Schlimmste ist, sagt Ruth, dass wir meiner Tochter nicht sagen können: „Wir sind sicher. Bei uns passiert sowas nicht." Sie kritisiert, dass es keine Hilfestellungen für diese Situationen gibt. Auf dem deutschsprachigen Buchmarkt sei eine Fülle an Elternratgebern verfügbar, aber kaum einer enthalte Hinweise darauf, wie solche Bedrohungen mit Kindern besprochen werden können. „Und jene Bücher, die es gibt", sagt Ruth, „werden an den kritischen Stellen unbrauchbar." Wir sind sicher, sei so ein Satz, der da zum Beispiel zu finden sei. Das sollen Eltern ihren Kindern immer und immer wieder vermitteln. „Wer aber, bitte, ist dieses Wir?" Ruth kann da nur genervt lächeln. Die Gewalt, der sich dieses Meta-Wir vage annähert, scheint weitestgehend bekannt aus den Medien, Kriegsbildern in fernen Ländern, weitab geführten ‚religiösen Konflikten'.

„Damit kann ich definitiv gar nichts anfangen", sagt Ruth, „denn ich will ja, dass meine Tochter wachsam ist." Sie selbst hat eine jüdische Schule besucht und ist mit dem Einmaleins der Sicherheitsmaßnahmen schon lange vertraut. Ruth hat noch ein weiteres Kind, es ist zwei

Jahre alt und spielt beim Kinder-Schabbat am liebsten gleich hinter der Synagogentür, denn da hat es genug Platz zum Rumlaufen. Das ist für Ruth kaum auszuhalten, denn der Eingang, so denkt sie, ist im Falle eines Anschlags eine kritische Position. Andererseits ist es ihr auch wichtig, dass ihr Sohn sich in der Synagoge wohlfühlt. Also beißt sie die Zähne zusammen und hofft das Beste.

Es zeigt sich, dass es praktische Fragen sind, auf die wir uns in den Gesprächen und Gruppenberatungen wenige Tage nach dem Anschlag konzentrieren. Damit ist der größte Unterschied zur Beratung von Erwachsenen ohne minderjährige Kinder auch schon beschrieben: Die Teilnehmer*innen der Elterngruppen stehen unter Handlungsdruck, denn die Sorge um die Kinder, das Lindern ihrer Ängste, ihrer Verunsicherung sind ihr größtes Bedürfnis.

Mit diesen Fragen nicht allein zu sein, stärkt die Familien in diesen Tagen. Die Gesellschaft der anderen betroffenen Eltern erweist sich häufig genau darum als eine wirkungsvolle Ressource, weil viele von ihnen in der Vergangenheit schon bessere, fröhliche Tage miteinander erlebt haben. Und auch, weil sie einander mehrheitlich in einer Sache verstehen: Hier wird nicht nur dieser konkrete Anschlag, sondern eine kontinuierlich wirkende, schwelende Bedrohung thematisiert. Die Familiengeschichten der meisten Anwesenden sind in dieser Hinsicht alles andere als unbeschrieben. Einiges davon wird in diesen Tagen vage angeschnitten, anderes muss nicht erst verbalisiert werden, um präsent zu sein.

WIE ES DEN ELTERN GEHT Entlastung inmitten der Schwere bietet schließlich auch der Austausch über das eigene Empfinden. Viele Eltern fühlen sich, seit sie von dem Anschlag erfahren haben, aus der eigenen Verankerung gerissen und sind irritiert darüber, wie das Leben für viele andere einfach weiterzugehen scheint. Auch die Erkenntnis, die eigene Verunsicherung den Kindern gegenüber nicht um jeden Preis kaschieren zu müssen, wird als Möglichkeit erkannt, den Gesprächsraum innerhalb der Familie zu weiten. Über diese Spur landen wir schließlich wieder bei den Kindern:

„Wir reden, sie spielen", sagt Liors Vater und fasst damit zusammen, was diese unverblümte, offene und zum Teil auch sehr plastische Art, mit der die Kinder auf die Bedrohung reagieren, eigentlich ist: Ein altersgemäßer Umgang mit einer sie umgebenden Gewalt, die keine Rücksicht auf Altersgrenzen nimmt. Doch diese Asymmetrie löst etwas im Familiengefüge aus. Die wenig zimperliche Form, welche die Kinder für ihre Auseinandersetzung wählen, bringt ihre Eltern häufig unmittelbar mit ihren eigenen Ängsten in Kontakt. Die Präzision, mit der die Grundschüler*innen die sensiblen Stellen erfassen, sie akribisch auffächern, löst bei den Erwachsenen mitunter Irritation und Überwältigung aus.

Und dann ist da noch die Geschichte von Miriam. Sie hat erst als Erwachsene erfahren, dass sie aus einer jüdischen Familie stammt. Die Erfahrungen ihrer Großmutter in der Shoah hätten, so erzählt sie, zu einer Tabuisierung der Herkunft geführt. Schließlich hat Miriam Kontakt zu einer Synagogengemeinde geknüpft und sich dafür entschieden, das Judentum auch an ihre Kinder zu vermitteln. Nach dem Anschlag stellt sie ihre Entscheidung in Frage, fragt sich, ob es das alles wert ist. Ob sie nun schuld wäre, wenn ihren Kindern etwas zustoßen würde. Schließlich sei sie es, die die Beziehung zum Judentum als erste in der Generationenfolge wieder aufgenommen hat. Im Hinblick auf die nahe gerückte, aktuelle Bedrohung gewinnt das Gefühl, ihre Kinder fahrlässig einer Gefahr auszusetzen, vorübergehend die Oberhand.

Miriams Erzählung wird von der Gruppe zum Anlass genommen, die Angst näher zu beleuchten und ihre Funktion als Schutzschirm zu würdigen. Dieser scheint sich bei den Kindern ganz offensichtlich zu entfalten. „Ein gutes Zeichen", „kompetente Kinder", „absolut altersgemäß" können die Teilnehmenden einander nun zurufen. Eine Teilnehmerin unterbricht die in Erleichterung abgleitende Stimmung abrupt mit einer Frage ihrer Tochter, die grundsätzlicher ist. Diese Frage mag aus jüdischen Erwachsenenmündern zuweilen pathetisch klingen, doch sie wird von vielen Kindern in diesen Tagen mit großer Klarheit neu gestellt. „*Warum wir?*" Und so fragen sich nun auch die Eltern als Eltern, einmal mehr oder auch zum ersten Mal: „Warum müssen sich unsere Kinder mit dieser Bedrohung auseinandersetzen? Und was machen wir hier eigentlich gerade, während so viele andere einfach schöne Herbstferien verbringen?"

SCHULE ALS UNSICHERER ORT[5] Gerade über die Herbstferien sind viele Eltern aber eigentlich erleichtert. Die Kinder jetzt zuhause zu haben, ist das, was sich für viele in diesen Tagen sicher anfühlt. So ergibt sich ausreichend Gelegenheit, die Kinder bei der Sortierung und Bewertung ihrer Eindrücke zu unterstützen. Die Schule ist für viele gerade nicht der richtige Ort. Während sich für Eltern, deren Kinder jeden Tag routiniert durch die Sicherheitsschranken der jüdischen Schulen gehen, das Gefahrenpotenzial nochmal konkretisiert hat, sind Eltern, deren Kinder öffentliche Schulen besuchen, auf andere Weise beunruhigt. Es gibt wenig Vertrauen, dass die Lehrkräfte in der Lage sind, den Anschlag angemessen zu thematisieren. Dabei wünschen sie sich nicht viel mehr als eine gewisse Sensibilität für den Umstand, dass manche Kinder mit dem Anschlag in Halle konkreter in Verbindung stehen als andere, der Anschlag seine Wirkung auf Individuen und Gruppen unterschiedlich entfaltet. Zugleich, da sind sich viele Eltern einig, sei es fast wahrscheinlicher, dass der Anschlag von den Lehrkräften ignoriert werden wird. Auch dieses Vorgehen wird als wenig zufriedenstellend, wenn auch als kleineres Übel empfunden. Nicht wenige dieser Einschätzungen basieren bereits auf konkreten Erfahrungen:

---

5   Vgl. Marina Chernivsky: Antisemitismus an der Schule entgegenwirken. Lernen am sicheren Ort. In: *Medaon. Magazin für jüdisches Leben in Forschung und Bildung* 13,24 (2019), S. 1–11. http://www.medaon.de/pdf/medaon_24_chernivsky.pdf (Zugriff am 21.12.2021).

2   JÜDISCHE GEGENWARTEN NACH HALLE

Mira, deren Tochter die vierte Klasse einer öffentlichen Grundschule besucht, verschweigt nicht, dass sie seitens der Schule nicht allzu viel erwartet. Nachdem sie erst kürzlich von ihrer Tochter erfahren hatte, dass unter den 9–10-Jährigen bereits diffuse, antisemitisch aufgeladene Erzählungen über den Nationalsozialismus kursieren, hatte Mira das Gespräch mit der Lehrerin gesucht. Ihr Vorschlag, diese Entwicklungen zum Anlass für die Vermittlung eines entsprechenden historischen Basiswissens an die Schüler*innen zu nehmen, wurde rigoros abgelehnt. Die Lehrerin sagte, sie sei der Auffassung, die Kinder würden durch eine zu frühe Auseinandersetzung mit derart komplexen und belastenden Themen Schaden nehmen. Das würden viele Kolleg*innen ebenfalls so sehen. Als Lehrerin würde sie Mira zudem raten, im Sinne ihrer Tochter, ebenfalls „nicht so auf der Thematik rumzureiten".

Nach Ende der Herbstferien 2019 ereignet sich an einer öffentlichen nichtjüdischen Berliner Schule ein Vorfall, der einen ähnlichen Umgang offenbart.

Dina, deren Mutter aus Israel kommt, hat ein Gespräch ihrer älteren Geschwister über den Anschlag mitangehört. Sie erwähnt die Tat von Halle gegenüber ihren Mitschüler*innen, woraufhin ihre Eltern in die Schule bestellt werden. Die Klassenlehrerin konfrontiert Dinas Mutter mit Vorwürfen. Die anderen Kinder wären über den Anschlag nicht informiert gewesen und seien durch Dinas Schilderungen nun verschreckt. Auch viele Eltern hätten sich beunruhigt gezeigt.

Dinas Familie muss also nicht nur mit den Wirkungen des Anschlags umgehen, sondern erlebt in dieser Phase zusätzlich eine Form der Täter-Opfer-Umkehr. Es sind nicht Dinas Bedürfnisse, die ernst genommen werden, sondern die Befindlichkeiten jener Kinder und Familien, die über das Privileg der Nichtbetroffenheit verfügen. Dieses reicht so weit, dass es selbst nach dieser massiven Gewalttat möglich ist, ein jüdisches Kind für das eigene Unbehagen verantwortlich zu machen.

ANTISEMITISMUS- UND DISKRIMINIERUNGSKRITISCHE PERSPEKTIVEN AUF SCHULE Die in diesem Oktober 2019 von jüdischen Familien geteilten Erfahrungen bilden den Umgang mit Antisemitismus und Diskriminierung in Bildungseinrichtungen ab, die mir und auch meinen Kolleg*innen in der Bildungs- und Beratungsarbeit begegnen. Diese nahmen vor dem Hintergrund des Anschlags nochmal eine spezifischere Form an.

Augenscheinlich ist zunächst die Differenz in der Wahrnehmung und Wirkung des Anschlags. Wie die bereits geschilderten Erfahrungen jüdischer Kinder und ihrer Eltern deutlich gemacht haben, ist seine Wirkung auf die jüdischen Familien nicht ausgeblieben. Sich damit auseinanderzusetzen, war in vielen Fällen unumgänglich. Für die Mehrheit der Bevölkerung hingegen bestand nicht nur die Möglichkeit, sich mit dem Anschlag von Halle nicht zu beschäftigen, sondern sie wurde auch weitreichend genutzt. Dies spiegelt sich in distanzierten oder ausbleibenden Reaktionen von nicht-betroffenen Familien in der Schule wider. Eine ähnliche Erfahrungsdivergenz wird auch anhand der bereits viele Jahre andauernden Diskussion über den altersgemäßen Einstieg in die Auseinandersetzung mit dem Nationalsozialismus und der Shoah sichtbar. Der hier vor allem im Kontext der Grundschule beharrlich vorgetragene Verweis auf die Gefahr einer emotionalen Überforderung der Kinder verdeutlicht, wie stark die dominanzgesellschaftliche Perspektive nicht nur den Umgang mit aktuellem Antisemitismus und Rassismus, sondern auch mit der historischen Dimension der Gewalt normiert. Diese Perspektive ignoriert die Realität einer von Antisemitismus und Rassismus durchdrungenen Gesellschaft und berücksichtigt vor allem die Erfahrungen der davon betroffenen Kinder nicht.[6] Im Hinblick auf die Thematisierung des Nationalsozialismus und der Shoah ist die dominante Vorstellung

---

6 Vgl. Romina Wiegemann: Die Thematisierung der Shoah in der Grundschule. Eine antisemitismuskritische Perspektivierung. In: Marina Chernivsky/Friederike

ebenfalls davon geleitet, dass sich diese entlang eines standardisierten entwicklungspsychologischen Idealrahmens[7] abarbeiten ließe. In der Realität sind Kinder häufig bereits ab dem Vorschulalter mit durch den Nationalsozialismus und die Shoah geprägten Bildern und Themen in Kontakt. Was fehlt, ist die Unterstützung dabei, diese oftmals diffusen Eindrücke und mitunter auch geschichtsverzerrenden Vorstellungen, die innerhalb der Familien tradiert werden, zu bewerten und einzuordnen. Dabei stehen mittlerweile ausreichend Ansätze für einen altersgemäßen, diversitätsorientierten, rassismus- wie antisemitismuskritischen Einstieg in die historische wie aktuelle Auseinandersetzung mit Formen kollektiver Gewalt zur Verfügung. Der Verweis auf die mangelnde emotionale wie kognitive Reife von Grundschulkindern ist somit kaum haltbar. Die Fragen, die in dieser Debatte tatsächlich zu kurz kommen, sind andere: Welche Überlegungen stellt Schule zum Schutze derjenigen an, deren ‚emotionale Überforderung' nicht als diffuse Möglichkeit im Raum schwebt, sondern sich bereits im frühen Kindesalter realisiert, weil sie Antisemitismus und Rassismus ausgesetzt sind bzw. mit der Shoah familiengeschichtlich in Berührung stehen? Wie können entsprechende Erfahrungen, die sich inner- und außerhalb von Schule ereignen, angemessen und sensibel bearbeitet werden? Was braucht Grundschule, um sich von der offenbar noch immer stark verbreiteten Vorstellung zu lösen, dass Kindheit ein entpolitisierter und geschichtsfreier Raum sein kann? Wie können zeitgemäße kindheitstheoretische Ansätze dort so verankert werden, dass es allen Kindern ermöglicht wird, ein antisemitismus-,

---

Lorenz-Sinai (Hrsg.): *Die Shoah in Bildung und Erziehung heute. Weitergaben und Wirkungen in Gegenwartsverhältnissen*. Opladen: Budrich 2022, S. 175–190.

7   Noa Mkayton: Holocaustunterricht mit Kindern. Überlegungen zu einer frühen Erstbegegnung mit dem Thema Holocaust im Grundschul- und Unterstufenunterricht. In: *Medaon. Magazin für jüdisches Leben in Forschung und Bildung* 5,9 (2011), S. 1–9, hier S. 1. https://www.yadvashem.org/yv/pdf-drupal/de/education/holocaust-unterricht_mit_kindern.pdf (Zugriff am 15.12.2022).

rassimus- und diskriminierungskritisches Bewusstsein zu entwickeln? Warum ist es angesichts der gesellschaftlichen und politischen Verfassung hierzulande möglich, auf diese essenziellen, frühen politischen Sozialisationsprozesse zu verzichten?

Die hier in den Blick genommenen Veränderungsprozesse sind auch für die Eltern betroffener Kinder relevant. Wie in den Gesprächen und Gruppenberatungen nach dem Anschlag in Halle deutlich wurde, ist die Belastung, der sie dauerhaft ausgesetzt sind, nur schwer tragbar. Als Eltern müssen sie nicht nur damit umgehen, dass ihren Kindern ein Stück ihrer Kindheit genommen wird. Zusätzlich müssen sie immer wieder feststellen, dass die Schule ihnen in dieser Hinsicht keinerlei Unterstützung bietet. Dass sie als zentrale gesellschaftliche Institution stattdessen in Regression und Abwehr verharrt, ist für die Eltern nur schwer zu akzeptieren.

Dank zivilgesellschaftlicher Anstrengungen konnte in den letzten Jahren ein größeres Bewusstsein für Antisemitismus als Macht-, Gewalt- und Diskriminierungsverhältnis geschaffen werden, das auch in Bildungseinrichtungen strukturell ausgeprägt ist. Wie ungebrochen es dennoch in der Schule seine Wirkung entfaltet, mussten viele jüdische Familien spätestens im Oktober 2019 schmerzlich erfahren. Der Widerhall des rechtsterroristischen, antisemitischen, rassistischen und misogynen Anschlags hat auch aus der Perspektive der Bildungs- und Beratungspraxis verdeutlicht, wie zäh und mühevoll sich die an vielen Stellen in Gang gesetzten Veränderungsprozesse gestalten. Maisha Auma, Professorin für Kindheit und Differenz an der TU Berlin, fasste die Ursachen für die Hartnäckigkeit, mit der sich Dominanz- und Differenzordnungen im Bildungsbereich halten, auf unserem gemeinsamen Panel[8] auf

---

8 Kompetenzzentrum für Prävention und Empowerment: Ein Jahr nach #Halle – Reflexionsimpulse für die Bildungspolitik und pädagogische Praxis. Fachsymposion 2020. In: *YouTube*, 04.11.2020. https://www.youtube.com/watch?v=rqQXC9D9aNQ&t=1853s (Zugriff am 10.05.2021).

dem Fachsymposium „Ein Jahr nach Halle" am Kompetenzzentrum im November 2020 pointert zusammen: Die auf Rassismus, Antisemitismus und ihren Intersektionen basierenden Ungerechtigkeiten im Bildungsbereich seien, so Auma, nicht aus Zufall entstanden, sondern bewusst und detailgenau installiert worden. Daher würden sie so lange fortbestehen, bis sie systematisch, durch tägliche, kleinteilige Routinearbeit gebrochen werden könnten.

Der vorliegende Beitrag, der die Perspektiven jüdischer Familien im Kontext des Anschlags von Halle dargelegt hat, kann als ein Puzzlestück der von Maisha Auma beschriebenen diskriminierungskritischen Praxis im Kontext von Antisemitismus begriffen werden. Der Zugang zu individuellen und kollektiven Erfahrungen von Betroffenen verhilft im Idealfall zu einem vertieften Verständnis dessen, wo und wie Formen struktureller Gewalt und Diskriminierung ihre Wirkung auf Betroffene entfalten. Dieses Wissen bildet für eine wirksame Bildungs- und Beratungsarbeit eine unerlässliche Ressource. Die Sichtbarmachung der Erfahrungen Betroffener unterschiedlicher Gewalt- und Diskriminierungsverhältnisse kann darüber hinaus Gemeinsamkeiten hervortreten lassen, die die Grundlage für ein verbündetes Handeln von Betroffenen unterschiedlicher bzw. miteinander verschränkter Formen kollektiver Gewalt legen.

Das Teilen der eigenen Erfahrungen mit aktuellem Antisemitismus und Diskriminierung ist somit immer und in mehrfacher Hinsicht ein politischer Akt, der im Kontext der Wirkungsgeschichte der Shoah und des Nationalsozialismus keine Selbstverständlichkeit darstellt. Viele betroffene Eltern haben in den Tagen nach dem Anschlag von Halle diesen Umgang gewählt. Aufgrund des extremen Ausmaßes der Gewalt und der Involviertheit der eigenen Kinder hat sich dieser Weg für sie als besonders dringlich und schmerzvoll zugleich gestaltet.

GROSSE ZAHLEN, ERFOLGS- GESCHICHTEN UND WAS MAN ANDERS ERZÄHLEN KÖNNTE

Bilanz aus dem Fest- und Gedenkjahr „1700 Jahre Jüdisches Leben in Deutschland"

DARJA KLINGENBERG

<u>170018712021900303133101020191902203651619</u> 1700 Jahre jüdisches Leben auf dem Territorium, das 1871 Deutschland wurde, 900 Jahre Jüd*innen in Thüringen, 30, tatsächlich 31, – und 2023 schon 33 – Jahre russischsprachige jüdische Migration nach Deutschland; drei Jahre, die seit dem Anschlag auf die Synagoge in Halle vergangen sind. Selten wurde so viel über deutsch-jüdische Geschichte und jüdisches Leben gesprochen, wobei mit Leben vielfältige Lebensgeschichten gemeint sind, nicht die Geschichte jüdischen Überlebens. Was hat es gebracht? Wie schreibt sich das Festjahr 2021 in viele Jahrhunderte jüdisch-deutscher Beziehungen und in die jüngsten erinnerungs- und geschichtspolitischen Verhandlungen einer konflikthaften Migrationsgesellschaft ein?

Das „1619 Project" ist ein anderes großes und öffentliches Geschichtsprojekt, an das ich im Vergleich zur 1700-Jahre-Kampagne denke. Nikole Hannah-Jones initiierte es 2019 mit einer Sonderausgabe des *New York Times Magazine*.[1] Sie und andere

---

1 The 1619 Project. In: *The New York Times Magazine*, 14.08.2019. https://www.nytimes.com/interactive/2019/08/14/magazine/1619-america-slavery.html (Zugriff am

Schwarze Autor*innen erinnern daran, dass vor 400 Jahren die erste versklavte Person im kolonialen Virginia ankam. Mit dem Projekt wollten die Autor*innen nichts weniger als die Geschichte des transatlantischen Handels mit versklavten Menschen, des Erbes der Plantagenökonomien und der systematischen Vernichtung und Ausbeutung der Arbeitskraft, der intellektuellen und spirituellen Kultur Schwarzer Menschen neu erzählen. Diese Geschichte, die in Schulbüchern und im Selbstverständnis oft als unglücklicher Nebenstrang amerikanischer Geschichte beschrieben wird, sollte als entsetzlicher Gründungsmoment ihrer Gesellschaft neu verhandelt werden. Die Ausgabe des *Times Magazine* war innerhalb von Stunden ausverkauft und #1619 wurde in den folgenden Monaten zu einem wichtigen Bezugspunkt der Black-Lives-Matter-Bewegung. Das „1619 Project" fand Widerhall in Diskussionen um Reparationen und die Dekolonisierung von Lehrplänen. Es weckte Kritik und Ärger konservativer Historiker*innen. Der damalige US-Präsident Donald Trump setzte ihm per Präsidialdekret sogar eine historische Kommission mit dem Namen „1776" entgegen, um den Gründungsmythos amerikanischer Geschichte als Unabhängigkeitserklärung freier weißer Bürger von der englischen Krone zu verteidigen.

Nun ist Aufruhr allein kein Gütekriterium für die Geschichtspolitik marginalisierter Gruppen, sind deutsch-jüdische Verhältnisse andere als Schwarze und migrantische Geschichte und Gegenwart in den USA; Antisemitismus ist nicht anti-Schwarzer Rassismus und eine von Politiker*innen und Gemeindevertreter*innen initiierte Imagekampagne zur Repräsentation jüdischen Lebens nicht die Intervention kritischer Intellektueller in der *New York Times*. Dennoch lohnt die Frage, was für eine Geschichte die 1700-Jahre-Feierlichkeiten wem und wie

---

06.01.2022); Nikole Hannah-Jones (Hrsg.): *The 1619 Project. A New Origin Story*. New York: One World 2021.

erzählten. Welche historischen Zusammenhänge wurden über die Spanne der 1700 Jahre entworfen? Wie erweiterte die Kampagne deutsch-jüdische Erzählkonventionen, wo forderte sie diese heraus? Was wurde nicht oder verkürzt erzählt? Welche Rolle spielen die Auseinandersetzungen der Gegenwart und jüngeren Geschichte, etwa um die russischsprachige jüdische Migration, in dem aufgespannten Bogen von eineinhalb Jahrtausenden deutsch-jüdischer Geschichte?

EINSEITIGE VIELFALT UND VERKÜRZTE GESCHICHTEN

> *In jeder Epoche muß versucht werden, die Überlieferung von neuem dem Konformismus abzugewinnen, der im Begriff steht, sie zu überwältigen.*[2]
> (Walter Benjamin)

Den drei kanonischen Topoi des Redens über Juden in Deutschland – Holocaust, Antisemitismus und Israel – wurde in den letzten Jahren und besonders im Rahmen der Kampagne ein viertes Thema zur Seite gestellt: die Vielfalt jüdischen Lebens. Diese wird illustriert durch Erzählungen von der erfolgreichen Integration russischsprachiger jüdischer Migrant*innen, dem bunten Leben queerer Jüd*innen oder Israelis in Berlin und Geschichten von religiösem Pluralismus.

Bilder erfolgreicher queerer, migrantischer oder post-orthodoxer Jüd*innen werden gefeiert und herausgestellt. Jenseits der zugewiesenen Vielfaltsnische gibt es jedoch wenig Bereitschaft, über Ausschlüsse und Konflikte zu sprechen oder für vom Kanon

---

2 Walter Benjamin: Über den Begriff der Geschichte. In: Ders.: *Gesammelte Schriften*, Bd. I.2, hrsg. v. Rolf Tiedemann / Hermann Schweppenhäuser. Frankfurt am Main: Suhrkamp 2019, S. 691–703, hier S. 695.

deutsch-jüdischer Erinnerungskultur abweichende Erfahrungen Raum zu schaffen. So stellen russischsprachige Jüd*innen zwar die Mehrheit der Gemeindemitglieder, in den jüdischen Institutionen haben sie aber auch nach über 30 Jahren wenig Mitspracherecht und sind mit ihren Erfahrungen kaum sichtbar. Lesbische, queere, trans oder non-binary Jüd*innen haben mit dem Verein Keshet seit ein paar Jahren ein institutionelles Sprachrohr. Sie sind jedoch in den Gemeinden und jüdischen Institutionen weiter marginalisiert und erleben Anfeindungen.

Die Widersprüche zwischen proklamierter Vielfalt und beschränkten Bildern sowie ausschließenden Strukturen zeigt eine Kampagne unter Federführung Uwe Beckers, des Beauftragten der Hessischen Landesregierung für Jüdisches Leben und den Kampf gegen Antisemitismus, und der Jüdischen Gemeinde der Stadt Frankfurt am Main. Sie steht paradigmatisch für politische Vereinnahmung durch eine gehaltlose Proklamation von Vielfalt und ein ahistorisches Geschichtsverständnis, die vor allem die Dauer und Vitalität jüdischen Lebens betonen. Im Frühling 2021 war die Stadt Frankfurt am Main mit Bildern plakatiert, die diese zur „jüdischsten Stadt" Deutschlands erklärten. Denn Schabbat, Kippa und „Davidsternsche" klängen irgendwie „frankfurderisch".[3] Die Plakate der Kampagne zeichneten ein klischeehaftes Bild konservativ-orthodoxer Religiosität, wie sie vielleicht dem Selbstbild ‚alteingesessener' Mitglieder der Gemeinde entspricht, jedoch sicher nicht der Vielfalt jüdischer Frankfurter*innen. Frauen jenseits der Familie, queere Jüd*innen, liberales Judentum oder gar säkulare Jüd*innen kommen weder auf den Plakatwänden noch in der dazugehörigen Broschüre zu jüdischem Leben in Frankfurt vor.[4]

---

3 Davidstern auf Frankfurterisch. In: *Jüdische Allgemeine*, 26.01.2021. https://www.juedische-allgemeine.de/unsere-woche/davidstern-auf-frankfurterisch/ (Zugriff am 08.12.2021).

4 Vgl. Dezernat für Finanzen, Beteiligungen und Kirchen, Magistrat der Stadt Frankfurt am Main (Hrsg.): *Jüdisches Leben in Frankfurt*, in Zusammenarbeit mit

Die Broschüre proklamiert somit die Vielfalt und buntes jüdisches Leben, ohne dieses für Geschichte und Gegenwart auszuführen. Erzählt wird natürlich auch von der erfolgreichen Integration russischsprachiger Jüd*innen, jenseits ihrer Integration spielen aber auch sie keine Rolle.

Ein zweites Problem tritt am Beispiel der Broschüre, aber auch einiger Kampagnenvideos zu 1700 Jahren jüdischen Lebens in Deutschland hervor.[5] Einzelne, erfolgreiche Personen werden herausgehoben, Schlaglichter beschreiben Ereignisse aus 1700 Jahren, ohne sie in einen weiteren historischen Kontext zu setzen, ohne Zusammenhänge, Konflikte und Widersprüche zu beschreiben – und damit der Aufgabe von Geschichtsvermittlung tatsächlich nachzukommen. Diese besteht ja gerade darin, ein vielgestaltiges, verflochtenes, unübersichtliches Geschehen, soweit möglich, zu beschreiben und zu vergegenwärtigen; gerade dort, wo es unseren Erwartungen nicht entspricht und schwer zu erfassen ist.

Angesichts der im Rahmen der Kampagne so beanspruchten historischen Kontinuitäten beunruhigt, wie schwer es gerade offiziell Beauftragten fällt, die Brüche und Diskontinuitäten jüdischer Geschichte in Worte jenseits etablierter Floskeln zu fassen und historische Verflechtungen aufzuzeigen. Dies trifft nicht nur auf die Longue durée der deutsch-jüdischen Geschichte zu. Auch die jüngste Zeitgeschichte wird oft beschrieben, ohne Entstehungsprozesse, gesellschaftspolitische Zusammenhänge und Konflikte zu benennen oder gar selbstkritisch einzuordnen.

Die dringlichen Fragen der Zeit, z. B. die nach dem Geschichtsverständnis in einer von der Shoah, Migration, Kolonialismus und

---

der Jüdischen Gemeinde Frankfurt am Main K. d. ö. R., 01/2021. https://frankfurt.de/haushaltundfinanzen/kirchlicheangelegenheiten/juedischesleben (Zugriff am 08.12.2021).

5 Vgl. etwa das Video: JILD 2021: 1700 Jahre – Momentaufnahmen jüdischen Lebens in Deutschland. In: *YouTube*, 09.12.2021. https://www.youtube.com/watch?v=4oDH-QBQ-_XE&t=0s (Zugriff am 08.12.2021).

Postsozialismus geprägten Gesellschaft, wurden daher im letzten Jahr an anderer Stelle verhandelt[6]: Die Expert*innen im sogenannten neuen Historiker*innenstreit diskutierten jedoch oft, ohne sich auf die Vielfalt jüdischer und anderer Minderheiten mit Migrationsgeschichten in Deutschland zu beziehen. Auch die im Sommer 2021 im deutschen Feuilleton entbrannte Debatte um Patrilinearität verlief ernüchternd ahistorisch, als wären säkulares Judentum und die Weitergabe jüdischer Kultur jenseits des Religionsgesetzes nicht konstitutiv für die vielfältigen deutschen und europäischen, DDR-deutschen und sowjetisch-jüdischen Geschichten.

So bot die 1700-Jahre-Kampagne zwar einen Rahmen für gelungene Veranstaltungen in kleinen Gemeinden und erlaubte vielen Vereinen, spannende Projekte zu realisieren. In der Summe war 2021 jedoch auch ein Jahr politischer Vereinnahmung und beunruhigend konsumierbarer Reden, die vor allem ein deutsches Selbstverständnis als aufgeklärt und Antisemitismus bekämpfend absicherten. Erinnerungspolitisch betrachtet, fügen sich die vielen Bilder erfolgreicher, kreativer junger Jüd*innen somit nicht zu einem neuen Verständnis jüdischer und anderer Minderheitengeschichten in Europa. Und so verkehrt sich die große Geste der Historisierung und Würdigung der Vielfalt – ach Ironie öffentlicher Erinnerungsarbeit – nicht selten zu ahistorischen Debatten und leeren Erfolgsgeschichten. Dies wird besonders am Beispiel der politischen Reden und Veranstaltungen rund um die russischsprachige jüdische Migration im Rahmen von 1700 Jahren jüdischem Leben deutlich.

---

6 Vgl. Natan Sznaider: *Fluchtpunkte der Erinnerung. Über die Gegenwart von Holocaust und Kolonialismus*. München: Hanser 2022, S. 16–17; Susan Neiman / Michael Wildt (Hrsg.): *Historiker streiten. Gewalt und Holocaust – die Debatte*. Berlin: Propyläen 2022.

WIE SIEHT ERFOLG AUS? „Jüdische Zuwanderung ist seit 30 Jahren eine Erfolgsgeschichte"[7], lautet der Titel eines Artikels der *Jüdischen Allgemeinen* vom 19. Januar 2021. Die Migration begann zwar schon im März 1990, also 31 Jahre vor dem Erscheinen des Artikels, mit einer Erklärung der DDR-Volkskammer, doch das Festjahr zählt erst ab dem Moment, als auch die Bundesrepublik eine migrationspolitische Regelung gefunden hatte. Vielleicht nicht einmal, um die DDR-Geschichte einmal mehr zu übergehen, sondern einfach, damit sich das runde Jubiläum besser in das Festjahr einfügt.[8] Die Überschrift des Artikels, ein Zitat des Antisemitismusbeauftragten des Bundes, Felix Klein, behauptet zugleich eine bemerkenswerte retrospektive Deutung: Die Migration wird als schon immer erfolgreich beschrieben.

Über Erfolge steht in dem kurzen Artikel jedoch kaum etwas. Klein behandelt vielmehr das Problem der Gleichstellung der Rentenansprüche jüdischer Migrant*innen mit Russlanddeutschen und die sinkenden Mitgliederzahlen in den Gemeinden. Illustriert wird der Text mit dem Foto einer Gruppe von Menschen, die Gepäck aus einem Reisebus herausholen. Es handelt sich laut

---

7   Jüdische Zuwanderung ist seit 30 Jahren eine Erfolgsgeschichte. In: *Jüdische Allgemeine*, 19.01.2021. https://www.juedische-allgemeine.de/unsere-woche/juedische-zuwanderung-ist-seit-30-jahren-eine-erfolgsgeschichte/ (Zugriff am 08.12.2021).

8   Auf der konstituierenden Sitzung der Volkskammer, des ersten freigewählten Parlaments der DDR im März 1990, hatte Lothar de Maizière, der Ministerpräsident, die Verantwortung der DDR für die Verbrechen des Nationalsozialismus anerkannt und in diesem Rahmen eine Art Einladung an die Jüd*innen der Sowjetunion ausgesprochen. Vorbereitet hatte diese Entscheidung der „Runde Tisch für Ausländerfragen", an dem Bürgerrechtsbewegte und jüdische DDR-Bürger*innen teilnahmen. Der ‚Einladung' folgend, kamen im Sommer 1990 ungefähr 2.000 jüdische Menschen in die DDR. Im Januar 1991 überführte die neue Bundesregierung diese Migration, nach einigem Ringen, in die sogenannte Kontingentflüchtlingsregelung. Diese war zehn Jahre zuvor für die Aufnahme vietnamesischer Flüchtlinge, sogenannter Boat People, geschaffen worden und erlaubte es, ohne Nachweis individueller Verfolgung in das Nichteinwanderungsland Deutschland einzureisen.

Bildunterschrift um russisch-jüdische Zuwanderer bei ihrer Ankunft in Köln im Juni 1996. Die Menschen tragen billige Trainingsjacken und stehen zwischen Plastikreisetaschen. Niemand schaut in die Kamera – Erfolg sieht anders aus.

Ich kannte das Bild, denn vor fünf Jahren war dasselbe Foto neben einem Artikel abgedruckt, den ich anlässlich von 25 Jahren russischsprachiger Migration für die *Jüdische Allgemeine* verfasst hatte.[9] Mir schien es schon damals eine unpassende und ärgerliche Wahl, Ausdruck des lieblosen und abschätzigen Umgangs mit dieser Migrant*innengruppe. Das Bild spiegelt den herablassenden Blick der westdeutschen jüdischen Gemeinden und der nicht-jüdischen Mehrheitsgesellschaft auf postsowjetische Jüd*innen als osteuropäische Armutsmigrant*innen mit schlechtem Geschmack. Diese Wahrnehmung steht in der Tradition der Abwertung von als ungebildet und arm geltenden Ostjuden, mit der sich schon im 19. Jahrhundert das etablierte jüdische Bürgertum wie die deutsche Gesellschaft von Migrant*innen aus dem Osten abgrenzten.

2021 und 2016 dasselbe unpassende Bild für einen Artikel über postsowjetische Jüd*innen in Deutschland zu verwenden, mag als journalistischer Fauxpas durchgehen. Es ist jedoch auch ein Hinweis auf die beschränkte Zahl von Bildern und Geschichten in den Datenbanken und Vorstellungswelten von Journalist*innen und Politiker*innen. Das Missverhältnis von Bild und Text zeigt letztlich an, dass weder die jüdische noch die deutsche Gesellschaft so recht wissen, wie erfolgreiche Migrant*innen aussehen und was nach der Integration kommt.

---

9 Darja Klingenberg: Suche nach dem besseren Leben. Vor 25 Jahren begann die Zuwanderung russischsprachiger Juden nach Deutschland. In: *Jüdische Allgemeine*, 07.10.2016. https://www.juedische-allgemeine.de/kultur/suche-nach-dem-besseren-leben/ (Zugriff am 08.12.2021).

SCHIEFE METAPHERN Im Juni 2021 lud der Antisemitismusbeauftragte des Bundes, Felix Klein, zu einer prominent besetzten Veranstaltung mit dem Titel „30 Jahre jüdische Zuwanderung: Erfolge und Herausforderungen".[10] Die Festredner*innen sprachen von einer ‚Bereicherung'. Wolfgang Schäuble, der die Migration über die Kontingentflüchtlingsregelung 1991 mitverhandelt hatte, sieht in ihr einen „Segen"[11]. Vor ein paar Jahren sprach er von einem „Wunder", dass wieder Juden in Deutschland leben wollen.[12] Und vor einem Jahrzehnt beschrieb der damalige Innenminister Thomas de Maizière diese Migration als ein „Geschenk" an Deutschland.[13]

Wunder, Geschenk, Bereicherung sind für Migrationsdebatten, selbst im Rahmen einer politischen Festrede, ungewöhnliche Vokabeln. Von welcher anderen Gruppe wird so wohlwollend gesprochen? Sie verweisen auf die hervorgehobene Position der sogenannten jüdischen Kontingentflüchtlinge in der jüngeren deutschen Migrationsgeschichte, in der sie zugleich nur am Rande oder als migrationspolitische Ausnahme vorkommen, denn hier kamen ‚Juden', keine ‚Migranten'. Die für die Würdigung verwendeten Formulierungen offenbaren zugleich die Hierarchisierung und falschen Erwartungen, die mit der Privilegierung verbunden waren.

---

10 Bundesministerium des Innern und für Heimat: 30 Jahre jüdische Zuwanderung: Erfolge und Herausforderungen. In: *YouTube*, 14.06.2021. https://www.youtube.com/watch?v=HHKkF497e1U (Zugriff am 08.12.2021).

11 Ebd., 0:34:00 min.

12 Wolfgang Schäuble/Dmitrij Belkin: Interview, Berlin, 08.07.2009. In: Dmitrij Belkin/Raphael Gross (Hrsg.): *Ausgerechnet Deutschland! Jüdisch-russische Einwanderung in die Bundesrepublik*. Ausstellungskatalog Jüdisches Museum Frankfurt am Main. Berlin: Nicolai 2010, S. 53–54.

13 Bundesministerium des Innern: „Ausgerechnet Deutschland". Innenminister eröffnet Ausstellung, 12.03.2010. In: *BMI*, 12.03.2010. http://www.bmi.bund.de/SharedDocs/Kurzmeldungen/DE/2010/03/ausstellung_ausgerechnet_deutschland.html (Seite ist nicht mehr online, Bild befindet sich in eigenen Notizen).

2 JÜDISCHE GEGENWARTEN NACH HALLE

Die offenkundig unglückliche Metapher der Bereicherung, vor allem das Bild eines Geschenkes an Deutschland, unterstreicht die passive Rolle, die den Menschen zugewiesen wird. Sie offenbart auch die impliziten Erwartungen, die an die meisten Gaben geknüpft sind: Die Menschen wurden empfangen und integriert und sollen nun jüdische Kultur leben oder zumindest wieder erlernen, was sie in den Jahren sowjetischer Unterdrückung verloren hatten. Die Formulierungen reihen diese Migrant*innen bevorzugt und zugleich unterordnend in die deutsche Migrationsgesellschaft ein. Dies geht oft damit einher, dass sie gegen andere, dann als problematisch beschriebene Minderheiten, ausgespielt werden.

Der Begriff des Wunders beschreibt zuletzt die Unwahrscheinlichkeit eines Geschehens, ruft übernatürliche Einwirkung und Hoffnung einer Heilung auf. So werden jedoch historische Bedingungen, politische Interessen und Konflikte, die diese Migrationsgeschichte bestimmten, verdeckt. Vor allem sucht die Metapher des Wunders die Leerstelle, die durch die Vernichtung deutscher, polnischer oder ukrainischer Jüd*innen entstanden ist, zu versöhnen. Neben der fragwürdigen Vorstellung von Wiederbelebung, statt etwa eines Anknüpfens an die Geschichte ermordeter Jüd*innen, des Lebens mit Brüchen, wird diese Erzählung auch den Migrant*innen, die mit eigenen Geschichten jüdischen Lebens kamen, nicht gerecht. In der Würdigung der russischsprachigen jüdischen Migrant*innen und dem scheiternden Versuch, sie in ein deutsch-jüdisches Gedächtnistheater[14] einzupassen, offenbart sich so eine gewöhnliche deutsche Migrationserzählung. Es wird vor allem über und nicht mit den Menschen gesprochen, die Mehrheitsgesellschaft macht sich falsche Bilder, von denen sie erst begeistert und dann enttäuscht ist.

---

14 Michal Y. Bodemann: *Gedächtnistheater. Die jüdische Gemeinschaft und ihre deutsche Erfindung*. Hamburg: Rotbuch 1996.

AUSNAHMEN DER DEUTSCHEN MIGRATIONSPOLITIK Es gibt ein anderes bemerkenswertes Zitat von Wolfgang Schäuble. In diesem blickt er auf den Beginn der Migration russischsprachiger Jüd*innen zurück und erklärt, warum für ihre Einreise auf das Kontingentflüchtlingsgesetz zurückgegriffen wurde. Es war damals allen politischen Entscheidungsträgern klar, so Schäuble, dass es sich bei den Migranten nicht um Asylbewerber im eigentlichen Sinn handelte, sondern „einfach um Menschen, die nach Deutschland kommen wollten, weil sie nicht mehr in der Sowjetunion leben wollten"[15]. Schäuble trifft damit zwei Aspekte dieser Migration überraschend genau und das ist im politischen wie wissenschaftlichen Migrationsdiskurs selten.

Die meisten Menschen, die über die Kontingentflüchtlingsregelung, eine Ausnahmeregelung im Asylgesetz, kamen, migrierten nicht, weil sie jüdisch in Deutschland leben wollten, sondern weil sie in der prekären sozialen und politischen Lage und zunehmendem Antisemitismus in der zerfallenden Sowjetunion keine Zukunft sahen. Sie waren sogenannte Wirtschaftsmigrant*innen oder Wirtschaftsflüchtlinge.[16] Dass Menschen einfach nach Deutschland kommen, weil sie nicht mehr in ihrem Herkunftsland leben wollen, würden Politiker*innen bei wenigen nichteuropäischen Migrant*innen so freimütig gutheißen. Denn dass die politischen Klassifikationen nicht den Motiven der migrierenden Menschen entsprechen und diese in der Hoffnung auf ein besseres Leben nach Deutschland kommen, ist zwar eine soziale Tatsache, gilt vielen aber noch heute als Grund für politische Empörung. Es

---

15 Schäuble/Belkin: Interview, Berlin, 08.07.2009, S. 53–54.
16 Vgl. Darja Klingenberg: *Materialismus und Melancholie. Vom Wohnen russischsprachiger migrantischer Mittelschichten*. Frankfurt am Main: Campus 2022, S. 183–188; Franziska Becker: *Ankommen in Deutschland. Einwanderungspolitik als biographische Erfahrung im Migrationsprozeß russischer Juden*. Berlin: Reimer 2001; Jannis Panagiotidis: *Postsowjetische Migration in Deutschland. Eine Einführung*. Weinheim: Beltz Juventa 2021.

war dies ganz sicher in den 1990er Jahren, einer Zeit offener rassistischer Aussagen über Asylmissbrauch in Bundestagsdebatten um die Einschränkung des Asylgesetzes, der Pogrome und Übergriffe auf den Straßen.

Mit dem Kontingentflüchtlingsgesetz wurde Anfang der 1990er Jahre eine migrationspolitische Ausnahme geschaffen, die ermöglichte, dass diese Migrant*innen aufgenommen wurden, weil sie jüdisch waren oder als jüdisch galten. Gleichzeitig wurde die Aufnahme für andere Migrant*innen und Flüchtlinge problematisiert, eingeschränkt und bekämpft.[17] Die Einordnung der Migrationsgeschichte als Ausnahme einer repressiven Asyl- und Migrationspolitik wird in den Feierlichkeiten unterschlagen, womit auch die migrationsspezifischen Erfahrungen von strukturellem Rassismus verdeckt werden. Stattdessen würdigen die Veranstalter*innen eine vermeintlich großzügige und sensible Bewältigung der Migration seitens deutscher Behörden.

Dabei ist es gar nicht so bemerkenswert, dass für Jüd*innen und ihre Familienangehörigen eine Ausnahme im deutschen Migrationssystem konstruiert wurde. Ein Grund dafür findet sich in den ab den 1980er Jahren zunehmenden Bemühungen um Aufarbeitung der Verbrechen des Nationalsozialismus; eine Anstrengung, die für das deutsche Selbstverständnis nach der Wiedervereinigung staatstragend wurde. Zudem lebten in den 1990er Jahren nur noch wenige Jüd*innen in Deutschland, die Gemeinden hofften auf Zuwachs.

Auch migrationspolitisch ist die Ausnahmeregelung nicht außergewöhnlich. In ein Migrationsland ohne Einwanderungsgesetz kam noch jede Migrant*innengruppe ‚ausnahmsweise': Die einen kamen zum ‚Gastarbeiten', die anderen aus humanitären Gründen, wobei sie dann auf die damit verbundene Opferposition verpflichtet waren, Russlanddeutsche ob der historischen

---

17 Klingenberg: *Materialismus und Melancholie*, S. 67–78.

Verantwortung für diese ethnische Minderheit und die sowjetischen und später ukrainischen, belorussischen oder lettischen Jüd*innen, weil sie oder ihre Eltern jüdisch waren.

AUSNAHMSWEISE WILLKOMMEN – BEGRENZTE PRIVILEGIEN Ausnahmsweise willkommen geheißen zu werden, brachte ‚Privilegien' mit sich: kein Bangen um die Bewilligung von Asylanträgen oder Duldung, zumindest an dieser Stelle keine verlorene Lebenszeit. Darüber hinaus erwiesen sich die Privilegien als relativ. Die jüdischen Migrant*innen durchliefen dieselben Wohnheime wie Asylbewerber*innen und trafen auf die gleichen, oft missgünstigen oder empathielosen Mitarbeiter*innen der Sozialämter wie andere Migrant*innen. Vor allem kamen die überwiegend qualifizierten und hochqualifizierten Menschen in den 1990er Jahren auf einen Arbeitsmarkt, auf dem schlicht kein Platz war für gebildete ‚Ausländer', seien sie noch so privilegiert.

Die Vorstellung, ein Diplom als Ingenieur*in oder Physiker*in sollte eine*n dazu befähigen, eine adäquate berufliche Anstellung zu finden, wurde oft als unangemessen zurückgewiesen. In Umschulungen riet man den Menschen, sich auf niedrig qualifizierte Jobs zu bewerben, sich mit der Dequalifizierung abzufinden und dankbar zu sein für Fließband- und Putzjobs. Sozialwissenschaftliche Analysen sprachen von „kopflastigen Sozialstrukturen"[18], jüdische Verbände und Politiker*innen beschrieben die ‚unangemessen hohen Erwartungen' als das zentrale Integrationsproblem.[19] Wie in anderen Migrationsdebatten

---

18 Julius H. Schoeps / Willi Jasper / Bernhard Vogt: Einleitung. In: Dies. (Hrsg.): *Ein neues Judentum in Deutschland? Fremd- und Eigenbilder der russisch-jüdischen Einwanderer.* Potsdam: Verlag für Berlin und Brandenburg 1999, S. 7–12, hier S. 8.
19 Ebd.; Judith Kessler: Homo Sovieticus in Disneyland. The Jewish Communities in Germany Today. In: Michal Y. Bodemann (Hrsg.): *The New German Jewry and the European Context. The Return of the European Jewish Diaspora.* Houndmills / New York: Palgrave Macmillan 2008, S. 131–141.

wurde das Problem bei den Migrant*innen gesucht, die eigenen Vorurteile und der ausgeprägte strukturelle Rassismus des deutschen Arbeitsmarkts waren nicht Teil der Analyse. Damals wie heute bleiben sie in den Erfolgserzählungen ausgespart.

SELBSTINTEGRIERT ,Wir' haben diese Migration erfolgreich bewältigt, heißt es auf Veranstaltungen wie der zu 30 Jahren russischsprachiger jüdischer Migration im Rahmen der Einladung des Antisemitismusbeauftragten. Es habe Probleme gegeben mit Sprachschwierigkeiten, falschen Vorstellungen vom Westen oder jüdischer Kultur, zuletzt habe man die Menschen doch erfolgreich integriert, so die Erzählung.

Die russischsprachigen Jüd*innen etablierten sich jedoch nicht wegen, sondern *trotz* der deutschen Integrationspolitik. Dass die jüngeren Migrant*innen in der Schule gut abschneiden, oft studieren und erfolgreich sind, haben sie nicht den Unterstützungsmaßnahmen des deutschen Bildungssystems oder der Willkommenskultur zu verdanken. Sie verdanken dies einzelnen Lehrer*innen, ihren Familien, Freund*innen, sich selbst. Sie stützen sich dabei nicht zuletzt auf das kulturelle Kapital, das sie mitbrachten, in ein Land, in dem Bildungserfolg noch immer vor allem vom Bildungsstand der Eltern abhängt.

Diejenigen, die sich beruflich reetablieren konnten, waren erfolgreich, weil sie sich nicht an die Empfehlungen von Sachbearbeiter*innen in den Arbeitsämtern hielten und sich durchkämpften, nochmal studierten, so lange suchten, bis sie eine gute Stelle bekamen. In den Schulen gab es regelmäßig Auseinandersetzungen um die Gymnasialempfehlung. Grundschullehrer*innen schickten die Kinder russischsprachiger Jüd*innen als migrantische Kinder routinemäßig auf die Realschule. Ihre Eltern protestierten entschieden dagegen, sorgten damit für Unmut, galten als schwierig oder unverschämt. Andere hatten die Kraft nicht, sie fanden sich mit dem Verlust eines sinnstiftenden Berufs und einem isolierten

Leben ab.[20] Ihre Kinder kämpfen heute, erfolgreich oder nicht, oft mit der Trauer und Überforderung angesichts der zerbrochenen Biografien ihrer Eltern.

Anstatt jedoch mit solchen Geschichten ein Gespräch über unterschiedliche Erfahrungen, Ausgrenzung und Anerkennung zu beginnen, werden medial und politisch leere Erfolgsgeschichten erzählt. Im Podcast der Kampagne 1700 Jahre jüdischen Lebens in Deutschland etwa werden vor allem Geschichten von inspirierenden Ärzt*innen, Musiker*innen oder Autor*innen erzählt.[21] Die weniger etablierten, die gescheiterten und kämpfenden Menschen bleiben unsichtbar. Die Armut und besonders die Altersarmut, mit der viele Migrant*innen leben müssen, wird von politischen Akteur*innen zwar erwähnt und für die jüdischen Migrant*innen skandalisiert. Zuletzt wird Altersarmut jedoch betrübt hingenommen, anstatt sie als gesamtgesellschaftliches Problem anzugehen und damit eine wirkliche Erfolgsgeschichte zu schreiben. Auch über den Rassismus, strukturelle Ausschlüsse und die gläserne Decke, auf die diese Migrant*innen wie andere Minderheiten, Schwarze Deutsche, Deutsche und Migrant*innen of Color stoßen, findet kein Gespräch statt. Stattdessen gilt die Geschichte der russischsprachigen Jüd*innen immer wieder als Beleg des Funktionierens der deutschen Integrationspolitik.

DIASPORA-GESCHICHTEN Die Feier von 1700 Jahren jüdischen Lebens in Deutschland ist wie andere historische Meta-Erzählungen eine Fiktion, die Homogenität behauptet, wo die Geschichte vor allem Brüche und Neuanfänge kennt. Allein die

---

20 Vgl. Klingenberg: *Materialismus und Melancholie*, S. 282–299; Sveta Roberman: Labour Activation Policies and the Seriousness of Simulated Work. In: *Social Anthropology* 22,3 (2014), S. 326–339. https://doi.org/10.1111/1469-8676.12082 (Zugriff am 26.01.2023).

21 Von bisher 50 interviewten Menschen öffentlichen Lebens waren 10 Menschen erfolgreiche Personen öffentlichen Lebens mit sowjetisch-jüdischen Familiengeschichten.

40 Jahre deutsch-jüdischer Nachkriegsgeschichte und die darauffolgenden 33 Jahre post-sowjetischer, israelischer, latein- und US-amerikanischer Migration erzählen von sich stetig wandelnden, immer wieder auf andere Art und Weise jüdischen Gemeinschaften.

Jüdische Geschichte als Diasporageschichte funktioniert gerade nicht über die Imagination einer jahrhundertelangen Sesshaftigkeit einer Gruppe auf einem Territorium. Migration, Handel, transnationale Verflechtung und Verfolgung, Konflikte zwischen Alteingesessenen und neuen Migrationswellen, zwischen Reformer*innen und Bewahrer*innen von Tradition sind ihr eingeschrieben und grundlegend für ein Verständnis jüdischer und deutscher Geschichte. Dieses *diasporisch* jüdische Geschichtsverständnis liegt quer zu der linearen Zeit und Vorstellung abgeschlossener Territorialität nationaler Erzählungen. Dass dieses diasporische, partikulare und brüchige Element (nicht nur) jüdischer Geschichte bei der 1700-Jahr-Feier nicht deutlich wurde, ist ihre verpasste Chance. Aus diesen Momenten hätte eine wirklich andere Geschichtsschreibung einer migrantischen, jüdischen, kolonialen und postkolonialen, postnationalsozialistischen, sozialistischen und postsozialistischen Geschichte entstehen können.

Diaspora beschreibt für Jüd*innen, aber auch andere Minderheiten und migrierte Menschen eine Praxis, sich immer wieder neu in Beziehung zu unterschiedlichen Orten und Zeiten zu setzen. Diasporische Lebensweisen werden heimgesucht von und übernehmen Verantwortung für lokale, mitgebrachte und entfernte Geschichten, die zu eigenen gemacht, neu verortet und weitergegeben werden. So machen sich die jüngeren Jüd*innen mit sowjetischer Familiengeschichte ein kompliziertes deutsches, sowjetisch-jüdisches, jüdisch-israelisches oder jüdisch-diasporisches Erbe zu eigen. Sie sind Teil der Kämpfe der Migrationsgesellschaft und versuchen, sich als Jüd*innen nicht gegen muslimische oder als muslimisch gelesene Migrant*innen und Deutsche mit Migrationsgeschichten ausspielen zu lassen.

Dabei sind die Geschichten der Migration, des Lebens in der Sowjetunion wie des Überlebens der Shoah nicht unmittelbar verfügbar. In vielen Familien herrscht ein tiefes Schweigen und es bedarf seelischer und intellektueller Anstrengung, die Brüche zu benennen, Verletzungen zu thematisieren und verschüttete Geschichten zu bergen. Daher genügt es auch nicht, einer einfachen identitätspolitischen Logik zu folgen und einfach mehr Jüd*innen zu Wort kommen zu lassen. Denn oft übernehmen auch jüdische Erzähler*innen die mehrheitsgesellschaftlich vorgegebenen Kategorien, befragen sich selbst nach dem Integrationserfolg oder erzählen in zu engen Formaten dieselben gefälligen Geschichten. So wird eine Vielfalt inszeniert, die eine wirkliche Neuverhandlung von historischen und gegenwärtigen Selbstverständnissen verhindert und marginalisiert.

VERFLECHTUNGSGESCHICHTEN ERZÄHLEN Im Rahmen einer sich oft zum Ritual versteifenden deutschen Erinnerungskultur, die sich gerne voreilig auf die Schulter klopft, ist es gut, dass Geschichten neu geordnet werden müssen. Die Migrationsbewegungen der letzten Jahre bringen eine faktische, wenngleich nicht anerkannte oder noch nicht bewusst gewordene Erweiterung deutscher Geschichte. Diese trägt auch zu einer Neuentdeckung dessen bei, was zu jüdischer Geschichte in Europa und darüber hinaus gehört: Erzählungen von chassidischen über bundistische bis zu kommunistischen Jüd*innen, Erinnerungen an Untergrundsynagogen wie an Säkularisierung und Alltagsreligiosität in der Sowjetunion, Erfahrungen von georgischen und bucharischen Jüd*innen entlang der Seidenstraße[22] und Geschichten von sozialem Aufstieg in

---

22 Diese Geschichten wurden etwa auf der Konferenz „Jüdinnen und Juden entlang der Seidenstraße. Internationale Konferenz zu Migrationsrouten, Zwischen-Räumen

sozialistischen und einem Abstieg in kapitalistischen Gesellschaften. Es gilt auch, von anderen Erfahrungen während der Shoah zu sprechen, von der Verfolgung unter Stalin, dem Kampf in der roten Armee, den Massenerschießungen in der Ukraine wie der Evakuation nach Zentralasien. Diese eigenen oder bewahrten Erinnerungen werfen ein neues Licht auf etablierte Erzählungen jüdischen Lebens in Deutschland, auf Geschichten der Assimilation und Säkularisierung deutscher Jüd*innen wie ihrer Ressentiments gegenüber sogenannten Ostjuden. Lebendige Erinnerungskultur heißt, Geschichte immer wieder neu und von neuen Standpunkten aus in Beziehung zur Gegenwart zu setzen und dabei nach einer Sprache zu suchen, die den so deutlich werdenden Brüchen, Widersprüchen und Verflechtungen gerecht wird.

MIGRATION UND VERFOLGUNG DURCH NATIONALSOZIALISMUS ZUSAMMEN DENKEN Der Vater von Mercedes Kierpacz, die am 19. Februar 2020 in Hanau ermordet wurde, Filipe Gorman, sagte in einem Interview: „Wissen Sie, mein Großvater wurde in Auschwitz von den Nazis vergast. Und meine Tochter wird von einem Rechtsterroristen in Hanau erschossen. Wieso?"[23] Dieses Zitat macht deutlich, dass die verschiedenen Geschichten der Opfer des Nationalsozialismus und der von rechter Gewalt Betroffenen in der Gegenwart miteinander verbunden sind, nicht nur, aber auch in Halle und Hanau. Unter den Migrant*innen in Deutschland haben nicht nur Jüd*innen, sondern auch Roma*nja und Sinti*zze aus Rumänien und aus Deutschland Familiengeschichten, die von den Verbrechen

---

und Zwischen-Positionen", 10.–12.10.2021, diskutiert. In: *Jüdisches Museum Berlin*, o. D. https://www.jmberlin.de/konferenz-juedinnen-seidenstrasse (Zugriff am 08.12.2021).

23 Balz Oertli / Anna Jungen: Ein Jahr nach Hanau: Wo bleiben die Antworten? In: *SRF 2 Kultur, Kontext*, 19.02.2021. https://www.srf.ch/kultur/gesellschaft-religion/rassistisches-attentat-hanau-ein-jahr-nach-hanau-wo-bleiben-die-antworten (Zugriff am 08.12.2021).

der Nationalsozialist*innen geprägt sind. Die Erinnerung an den Nationalsozialismus kann, davon spricht die Geschichte der Displaced Persons, der sowjetischen Jüd*innen, griechischer, rumänischer und jugoslawischer Migrant*innen, Roma*nja und Sinti*zze, nur als transnationale Verflechtungsgeschichte verstanden werden.

Antisemitismus und Rassismus sind unterschiedliche Herrschaftsverhältnisse, in den Biografien einzelner Menschen und ihrer Familien sind sie jedoch miteinander verflochten. Jüd*innen in Deutschland erfahren nicht nur Antisemitismus, sondern als postsowjetische Migrant*innen oder als Menschen of Color auch Rassismus. Dass die Synagoge in Halle während der hohen Feiertage schlecht bewacht war, hing auch damit zusammen, dass dort vor allem alte, nicht sehr etablierte russischsprachige Jüd*innen beteten. Dabei können ausgehend von eben diesen Verflechtungen eines postkolonialen, postfaschistischen, postsozialistischen und migrantischen Lebens in Deutschland ohne große Gesten und übertriebene Formulierungen neue Geschichten erzählt werden. Diese könnten zu einer Gesellschaft beitragen, in der es mehr Orte gibt, an denen unterschiedliche Menschen sicher, gesund und übermütig in Synagogen und Shishabars, zur Shul und zum Tanzen gehen können.

3 — ג

SOLIDARISCHE PRAKTIKEN RUND UM DEN PROZESS

WENN SOLIDARITÄT PRAKTISCH WIRD!

SOLIDARITÄT MIT DEN BETROFFENEN –
KEINE BÜHNE DEM TÄTER

Mit dem Bündnis „Solidarität mit den Betroffenen – Keine Bühne dem Täter" haben wir vor allem zwei Ziele verfolgt: Zum einen ging es darum, den Betroffenen des rechtsextremistischen, antisemitischen, rassistischen und antifeministischen Anschlags von Halle an Jom Kippur 2019 den Raum zu geben, den sie brauchen. Zum anderen ging es uns um praktische Solidarität, vor und im Gerichtssaal. Dafür boten wir den Betroffenen an jedem Prozesstag die Möglichkeit, auch vor dem Landgericht in Magdeburg im Rahmen einer Kundgebung die Worte loszuwerden, die im Gericht nicht gehört wurden, auch für Kritik am Prozess und an der Arbeit der Sicherheitsbehörden.

Das war auch deshalb so wichtig, weil viele Medien sich vor allem auf den Täter konzentrierten. Entgegen der Bitte der Nebenkläger:innen nannten sie häufig seinen Namen und bildeten ihn vielfach ab. Wie Studien inzwischen ergeben haben, kann dies aber zu einer Glorifizierung des Täters beitragen und die Gefahr für Nachahmungstaten erhöhen. Daher wollten wir die Stimmen der Betroffenen multiplizieren, denn sie waren es, um die es bei diesem Prozess vor allem gehen sollte. Durch die großartige Arbeit der Nebenkläger:innen gab es tatsächlich einen Shift und einen Diskurs über die Berichterstattung rund um den Prozess.

Gleichzeitig stellten wir eine Unterstützungsinfrastruktur mit Awareness, ruhigen Räumen, Austausch und Lebensmitteln bereit. Wir wollten zeigen: Wir sind solidarisch mit euch hier! Wir wissen, dass es schwierig für euch ist, aber was immer ihr braucht, sprecht uns gerne an! Tatsächlich haben wir es auch geschafft, Fahrgemeinschaften zum Prozess zu organisieren, da der Staat Fahrten der Nebenkläger:innen zum Prozess nicht bezahlte. Einer Nebenklägerin konnten wir auch eine Boxmöglichkeit organisieren. Bei dieser Gelegenheit konnte sie all die Wut loswerden, die der Prozess in ihr auslöste.

Und das zu Recht, denn der Prozess war hart, auch hart zu ertragen. Deshalb war es uns ebenso wichtig, beim Prozess anwesend zu sein und dort unsere Solidarität zu zeigen. Wir klatschten oder standen auf für die unglaublichen Worte und die Arbeit der Nebenkläger:innen und zollten ihnen so unseren tief empfundenen Respekt. Auch schafften wir es regelmäßig, Nazis aus dem Saal zu drängen und so das Ganze etwas erträglicher zu machen. Der wichtigste Part aber war: Wir wurden zu Zeug:innen und damit auch zu Botschafter:innen. Wir tragen dazu bei, dass dieser Anschlag weder vergessen noch vergeben wird!

Die Kundgebungen selbst können bei Radio Corax nachgehört werden.[1] Sie sind ein außergewöhnliches Zeugnis der Vielfalt engagierter Stimmen in unserer Gesellschaft. Aber auch darüber hinaus hat die Zusammenarbeit vieles ergeben, was wir vorher nicht ahnen konnten. Das beste Beispiel dafür ist das Projekt „Bildet Banden". Wir fanden neue Verbündete und Freund:innen – im ganzen Land. Neue Allianzen sind entstanden. Und es bleibt

---

1 Vgl. die Beiträge in *Radio Corax*. https://radiocorax.de/tag/anschlag-in-halle/ (Zugriff am 26.01.2023).

3 SOLIDARISCHE PRAKTIKEN RUND UM DEN PROZESS

zu hoffen, dass auch jüdische Perspektiven bei uns im linken Spektrum endlich systematisch mitgedacht werden.

Dieser Prozess hat in uns allen tiefgreifende Veränderungen losgetreten und neue Gedanken angestoßen. Wenn wir den Faschismus in diesem Land besiegen wollen, so geht das nur zusammen und solidarisch und das Wichtigste: Wir müssen einander zuhören und tatsächlich füreinander einstehen! Dieser Prozess hat uns allen gezeigt, wie das gehen kann und muss.

SIEBENMAL 25 KG
MAXIMALE BELASTUNG

MIRIAM BURZLAFF
MITGETRAGEN VON NAEMI EIFLER

Der Prozess hat begonnen
Ich frage eine Freundin
Was braucht ihr?
Was können wir tun?

Sie berichtet von fehlendem Essen und Trinken
Und einem Gerichtsgebäude, in dessen Nähe es nichts gibt
Geschweige denn koscher und helal
Es sei auch kompliziert, eigene Verpflegung mitzubringen
Die extrem hohen Sicherheitsvorkehrungen

Kein Essen und kein Trinken für die Nebenklagenden?
Wie kann das sein?

Naja, das Gericht halte schon eine kleine Auswahl für den Imbiss am Mittag bereit
Schweineschnitzel mit Kroketten
Oder sollen es doch lieber Lendchen in Mandel-Sahne-Soße sein?

////////

Wir organisieren ein Auto und Geld
Kramen unsere größten Taschen hervor
Diese blauen von Ikea
Sie halten was aus
25 kg maximale Belastung

Sieben davon packen wir von nun an jeden Montag voll
Mit Wasser, Tee, Kaffee, Brötchen, Philadelphia, Humus, Snickers, Obst, Joghurt, Bisli, Bamba …
Hin und wieder auch mit Kippen & Whisky
Halt alles, was gewünscht wird
An nichts soll es fehlen
Alle sich gesehen fühlen

Dienstags, in aller Frühe, viel zu früh, geht es los
Von Berlin nach Magdeburg
Fast angekommen, sehen wir die Hamburger Gitter und Polizei schon aus der Ferne
Es ist beklemmend
Wir halten vor dem Gericht
Steigen aus, weisen uns aus, erklären

Irgendwann kennt man uns und unsere Routine
Wir sind ein eingespieltes Team
Die eine sucht nach einem Parkplatz
Die andere nimmt die siebenmal 25 kg maximale Belastung
Schleppt sie und sich in das Gebäude hinein
Manchmal hat sie Glück und jemand hilft

Bei der nächsten Kontrolle treffen wir uns wieder
Alles wird durchleuchtet
Jeder Schritt überwacht
Man schaut zu
Wie wir unsere Körper mit siebenmal 25 kg maximale Belastung beladen
Den Aufzug zeigt man uns wochenlang nicht

So schleppen wir uns Stockwerk für Stockwerk hoch
Endlose Flure entlang
An weiteren unzähligen Justizbeamt_innen vorbei
Sie stehen überall
Bilden eine lange Schlange
Die weit vor dem Gebäude beginnt
Und sich durch jedes Stockwerk zingelt
Wie Snake auf meinem alten Nokia

//////

Auf Sicherheit wird also besonders viel Wert gelegt
Dass ich nicht lache!
Gäbe es Sicherheit
Trügen wir keine siebenmal 25 kg maximale Belastung mit uns
Nicht nur damals
Auch heute nicht

Siebenmal 25 kg maximale Belastung
Haben sich eingeschrieben in unser Gedächtnis
In unsere Körper
Sind ein Teil von uns geworden

/////

So laufe ich durch die Stadt
Während ich mich durch den Tag schleppe
Von Minute zu Minute
Auf allen Vieren
Bei aufrechtem Gang
Für Augen anderer

Die nicht sehen
Weil geschehen
Was in diesem Land ‚nie wieder' passieren darf
Ist schon vergessen

///////

Denke ich an Halle
Das Davor
Und das Danach
Denke ich an siebenmal 25 kg maximale Belastung
Die sich eingeschrieben haben in unser Gedächtnis
In unsere Körper

Denke ich an Halle
Das Davor
Und das Danach
Denke ich an siebenmal 25 kg maximale Belastung
Von denen ich wünschte
Dass niemand sie tragen müsste

Denke ich an Halle
Das Davor
Und das Danach
Denke ich an siebenmal 25 kg maximale Belastung
Die unerträglich sind
Und manchmal leichter werden

ג

DER VERSUCH
ZU DOKUMENTIEREN

*Notwendigkeit und Herausforderungen
zivilgesellschaftlicher Prozessbeobachtung*

LINUS POOK / GRISCHA STANJEK / TUIJA WIGARD

Nach 26 Prozesstagen mit über 80 Zeug*innen und Sachverständigen und über 40 beteiligten Nebenkläger*innen endete im Dezember 2020 das Hauptverfahren gegen den antisemitischen, rassistischen und misogynen Attentäter von Halle: Der Staatsschutzsenat des Oberlandesgerichts Naumburg verurteilte den 28-jährigen rechtsterroristischen Täter wegen zweifachen Mordes, versuchten Mordes zulasten von 66 Personen und weiterer Straftaten zu einer lebenslangen Freiheitsstrafe. Er stellte die besondere Schwere der Schuld fest und ordnete eine anschließende Sicherungsverwahrung an. Der Angeklagte wurde unter anderem der Morde an Jana L. und Kevin S., der Angriffe auf die Synagoge der Jüdischen Gemeinde zu Halle und den Kiez-Döner, den Schüssen auf mehrere Polizist*innen und des versuchten Mordes an einem Paar, das er auf seiner Flucht anschoss, schuldig gesprochen.

LEERSTELLEN DER AUFKLÄRUNG Obwohl es zahlreiche Anhaltspunkte gab, den Anschlag von Halle als Teil einer globalen Entwicklung des Rechtsterrorismus zu begreifen und zu untersuchen, zeigten sich im Prozess das fehlende Interesse der Bundesanwaltschaft und ihrer Ermittlungsbehörden an der Aufklärung der Hintergründe der Tat und damit einhergehende strukturelle Ermittlungsprobleme, wie viele Nebenkläger*innen und ihre Anwält*innen immer wieder kritisierten. Erst durch die beharrlichen Recherchen, Nachfragen und Beweisanträge der Nebenklage wurden diese Hintergründe im Prozess beleuchtet. Entsprechenden Anträgen, etwa kundige Sachverständige zu dem Online-Verhalten des Täters oder dessen Ideologie zu hören, stellten sich die Vertreter des Generalbundesanwalts zwar meist nicht in den Weg, sie trieben die Aufklärung dieser wesentlichen Aspekte der Tat aber auch nicht aktiv voran. Dass dies auch für die Phase des Ermittlungsverfahrens gilt, zeigten zahlreiche Aussagen von Polizist*innen, die teils zwar individuell bemüht, aber oft überfordert und wenig sachkundig schienen und ein Bild der Ermittlungsbehörden zeichneten, die auch strukturell keine Antworten auf die Herausforderungen des verhandelten Typus von rechtsextremem Terror haben.

Die Botschaft, die rechtsterroristische Attentäter mit ihren Taten aussenden, hat für sie eine größere Bedeutung als der unmittelbare Erfolg, die Morde zielen etwa nicht auf die Erfüllung unmittelbarer politischer Forderungen ab. Ob die Täter Jüd*innen, BIPoC, Frauen, Muslim*innen oder LSBTIQ ins Zentrum ihrer Taten stellen, ob sie wie der Attentäter von Halle Jüd*innen explizit als Wurzel allen Übels behaupten oder sich auf andere Feindbilder fokussieren – die Existenz der jeweiligen Gruppen wird stets als Angriff auf die vermeintlich naturgegebene Dominanz des weißen, heterosexuellen Cis-Mannes wahrgenommen. Die Postings, Dokumente und Äußerungen der Täter von Utøya, Christchurch, Poway, Halle oder Hanau zeugen davon, dass die Terroristen keine isolierten Einzelgänger sind, sondern menschenfeindliche Einstellungen in Gewalt umschlagen lassen, die sie mit breiten Teilen der Gesellschaft und ihrem engen Umfeld teilen und in digitalen Räumen nähren. Aus der Verwurzelung ihrer Ideologien in der breiten Gesellschaft leiten sie die Legitimität ihrer Morde ab.

KRITIK AM URTEIL Trotz der Höchststrafe drückten mehrere Nebenkläger*innen nach dem Urteil ihre Enttäuschung aus, zwei Betroffene legten Revision ein. Die Entscheidungen des Bundesgerichtshofs darüber stehen noch aus. Die Nebenkläger*innen kritisierten, dass das Gericht die Taten gegen İsmet Tekin und Aftax Ibrahim nicht als versuchte Morde würdigte. Tekin, Besitzer des Kiez-Döners, hatte sich in unmittelbarer Nähe des Schusswechsels zwischen Polizei und dem Angeklagten befunden. Sein Anwalt Onur Özata hatte beantragt, die Schüsse in seine Richtung als versuchten Mord zu würdigen. Die Vorsitzende Richterin Ursula Mertens richtete sich in ihrer Urteilsbegründung direkt an Tekin: „Auch Sie waren im Kugelhagel, Sie waren in Lebensgefahr. Auch Sie sind ein Opfer dieses Anschlags." Im juristischen Sinne könne man aber keine Tötungsabsicht annehmen, da man dem Angeklagten nicht nachweisen könne, dass er von Tekins Anwesenheit gewusst habe. Auch in Hinblick auf die Tat an Aftax Ibrahim, der in Halle von dem Rechtsterroristen mutmaßlich rassistisch motiviert mit dem Auto angefahren worden war, sagte Mertens, man habe nicht feststellen können, dass der Angeklagte diesen bewusst und vorsätzlich angefahren habe.

Durch das intensive Engagement von Nebenkläger*innen wurde aufgezeigt, an wie vielen Stellen Staat und Zivilgesellschaft vor, während und nach dem antisemitischen, rassistischen und misogynen Anschlag von Halle versagten. Die Vorsitzende Mertens gab den Betroffenen durch ihre ihnen zugewandte Verfahrensführung außerdem den Raum, die individuellen verheerenden Auswirkungen der Tat, die oftmals eng mit der Identität und Lebensgeschichte zusammenhängen, darzustellen.

Kritik musste sie sich indes im und nach dem Prozess von der Nebenklage für ihre teils ungewollt paternalistischen Reaktionen auf diese Aussagen gefallen lassen. So wirkten etwa ihre wiederholten Versuche, zwischen Betroffenen und den von ihnen verständlicherweise scharf kritisierten Polizist*innen im Gerichtssaal zu vermitteln, unangebracht.

STRAFPROZESS UND ÖFFENTLICHKEIT Den Stimmen der Nebenkläger*innen und aller anderen Betroffenen gilt es nach wie vor zuzuhören und die Kritik an Polizei, Politik und Gesellschaft festzuhalten. Die Aufarbeitung des Anschlags muss auch die Auseinandersetzung mit dessen Verhandlung vor Gericht beinhalten. Die zivilgesellschaftliche Prozessbegleitung, -dokumentation und -protokollierung ist dazu unerlässlich:

Für das historische Hauptverfahren war im Vorfeld ein großes Medieninteresse erwartet worden. 44 Plätze standen der Presse in der extra zum Verhandlungssaal umgebauten ehemaligen Bibliothek des Landgerichts Magdeburg zur Verfügung. Per Losverfahren wurden 44 weitere Sitzplatzkarten für einen Raum vergeben, in den die Verhandlung per Ton für Journalist*innen übertragen wurde. Bereits nach dem ersten Prozesstag nahm das Medieninteresse deutlich ab und erst zur Urteilsverkündung waren die Sitzplätze der Presse wieder nahezu vollständig besetzt. Zeitweise fanden sich nur zehn Journalist*innen zur Verhandlung ein, während zahlreiche Menschen dem Aufruf der Initiative 9. Oktober Halle zur solidarischen Prozessbegleitung folgten und die rund 50 Zuschauer*innenplätze an nahezu allen Verhandlungstagen ausgeschöpft waren. Im Gegensatz zu akkreditierten Journalist*innen war es den Zuschauer*innen untersagt, im Gerichtssaal schriftliche Aufzeichnungen anzufertigen.

Die kritische, öffentliche Beobachtung eines solchen Prozesses ist unabdingbar: Der Grundsatz, dass eine Hauptverhandlung, mit wenigen Ausnahmen, unter den Augen der Öffentlichkeit stattfinden soll, gilt als wichtige Säule des Rechtsstaats. Auch für die wissenschaftliche oder zivilgesellschaftliche Aufarbeitung sowie Bewertung eines Strafverfahrens ist die gründliche Berichterstattung wichtig; ein amtliches Wortlautprotokoll des Inhalts der Hauptverhandlung gibt es nicht. Nur an Amtsgerichten wird in Deutschland protokolliert, was die Angeklagten oder Zeug*innen zur Sache aussagen. Bei Verhandlungen in höheren Instanzen halten die Protokollierenden, anders als in vielen anderen Staaten, lediglich fest, wer gesprochen hat, nicht aber, was der Inhalt der Aussage war. Auch im Zeitalter des Digitalen und der Pandemie wird von der Öffentlichkeit als Kontrollinstanz die physische Anwesenheit erwartet.

Vor dem Eindruck der Veröffentlichung von Tonbändern des Frankfurter Auschwitz-Prozesses und dem jahrelang andauernden NSU-Verfahren ermöglichte der Gesetzgeber durch eine Gesetzesänderung ab April 2018, Tonaufnahmen dann zuzulassen, wenn ein Verfahren von „herausragender zeitgeschichtlicher Bedeutung für die Bundesrepublik Deutschland"[1] sei. Wann diese Voraussetzung erfüllt ist, bleibt jedoch umstritten. Ebenso wurde eine gesetzliche Grundlage für eine Tonübertragung in einen Medienraum geschaffen.[2] Weiterhin ist die Aufnahme nur dann möglich, wenn dieser keine schutzwürdigen Interessen entgegenstehen, z. B. wenn ein*e Zeug*in aufgrund des Mikrofons so verunsichert ist, dass dies die Aussage verhindert.

Erstmals wurde von der neu geschaffenen Möglichkeit von Tonaufnahmen im Halle-Prozess Gebrauch gemacht und diese vorab durch das Gericht angeordnet.

Im Al-Khatib-Prozess, dem weltweit ersten Prozess gegen einen ehemaligen Mitarbeiter des syrischen Geheimdiensts, wurde eine Tonaufnahme vom Oberlandesgericht Koblenz abgelehnt. Eine Gruppe von Wissenschaftler*innen und Menschenrechtsaktivist*innen hatte sich vergeblich für eine Tonaufnahme eingesetzt, um diese für die Aufarbeitung außerhalb des Gerichts, für Bildungsarbeit und Wissenschaft, verwenden zu können. Sie

---

1 Gerichtsverfassungsgesetz (GVG), § 169, Abs. 2, S. 1.
2 Ebd., § 169, Abs. 1, S. 3.

verwiesen unter anderem auf die Aufnahmen des ersten Frankfurter Auschwitz-Prozesses, die 2017 von der UNESCO zum Weltdokumentenerbe erklärt worden waren.³ Auch der Prozess vor dem Oberlandesgericht Frankfurt am Main wegen der Ermordung des Kasseler Regierungspräsidenten Walter Lübcke wurde nicht aufgezeichnet.

Einer gegenwärtigen Öffentlichkeit stehen indes auch die Magdeburger Mitschnitte vom Halle-Prozess nicht zur Verfügung, denn diese werden vom Landesarchiv für mindestens 30 Jahre unter Verschluss gehalten. In den nächsten Jahren könnte sich die Gesetzeslage dazu erneut ändern: So sollen laut Koalitionsvertrag von SPD, FDP und Bündnis 90/Die Grünen künftig im Gericht „Beweisaufnahmen audio-visuell dokumentiert" und die „Vernehmungen und Hauptverhandlung […] in Bild und Ton aufgezeichnet werden".⁴ Was dies konkret bedeutet und wie mit diesen Aufnahmen nach Verfahrensabschluss umzugehen ist, wird in den kommenden Jahren Gegenstand politischer Aushandlungsprozesse sein.

Die Reaktion der postnazistischen Gesellschaft auf antisemitische Gewalt verändert sich im Lauf der Zeit stetig und wird in Teilen der Öffentlichkeit und insbesondere durch Wissenschaftler*innen sowie zivilgesellschaftliche Akteur*innen beleuchtet, untersucht und diskutiert. Da es keine offiziellen, öffentlich zugänglichen Protokolle oder Aufzeichnungen von Gerichtsprozessen gibt, die sich mit antisemitischer Gewalt befassen, ist eine öffentliche Diskussion über diese Verfahren im Detail nur vermittelt durch Journalist*innen und zivilgesellschaftliche Akteur*innen möglich, die

---

3   Vgl. Sabine am Orde: Prozess wegen Staatsfolter in Syrien. In: *taz*, 01.07.2021. https://taz.de/Prozess-wegen-Staatsfolter-in-Syrien/!5783730/ (Zugriff am 30.12.2021).
4   SPD/Bündnis 90/Die Grünen/FDP: Mehr Fortschritt wagen. Koalitionsvertrag 2021–2025 zwischen der Sozialdemokratischen Partei Deutschlands (SPD), BÜNDNIS 90/DIE GRÜNEN und den Freien Demokraten (FDP). In: *Bundesregierung*, 10.12.2021. https://www.bundesregierung.de/resource/blob/974430/1990812/04221173eef9a6720059cc353d759a2b/2021-12-10-koav2021-data.pdf (Zugriff am 29.12.2021), S. 106.

über den Prozess öffentlich berichten. Gerade bei größeren Verhandlungen können diese Beobachter*innen wiederum bei weitem nicht alle Vorgänge visuell wahrnehmen und nicht alle Aussagen sowie Zwischenrufe akustisch vollständig erfassen und festhalten. Ein Blick auf die Berichterstattung über den Halle-Prozess zeigt, dass Aussagen von Verfahrensbeteiligten von verschiedenen Medien unterschiedlich wörtlich zitiert wurden. Welches Zitat den Tatsachen entspricht, lässt sich vorerst nicht abschließend klären.

Selbst wenn einzelne Medien über Gerichtsverfahren kontinuierlich berichten, wie es beim Halle-Prozess etwa der Mitteldeutsche Rundfunk (MDR) tat, gehen in der Berichterstattung naturgemäß Einzelheiten verloren – ist es doch die Aufgabe der Reporter*innen, das für die Leser*innen Wichtige vom Unwichtigen zu trennen. Die Namen der Briefkontakte des Täters dürften für die durchschnittlichen Leser*innen ebenso wenig spannend sein wie die Details seiner Online-Vernetzung, seine Usernamen, die konkreten Seiten, die er besuchte, oder die Musik, die er hörte. Was für die Aufarbeitung des Anschlags und der Netzwerke, in denen der Angeklagte sich bewegte, wichtig ist, wird in vielen Fällen erst aus der Retrospektive zu beurteilen sein und bedarf der fachkundigen Einordnung.

Gerade der gesellschaftliche und ideologische Hintergrund der Tat und das On- und Offline-Milieu, in dem der Angeklagte sich bewegte, lassen sich durch kurze Berichte zu den einzelnen Verhandlungstagen nicht erhellen. Eben diese Bereiche kritisch auszuleuchten, ist jedoch unerlässlich, da die Ergebnisse der Ermittlungsbehörden sich oftmals lediglich auf die Selbstdarstellung des Angeklagten stützen. Grenzen sind der gewöhnlichen journalistischen Arbeit auch dort gesetzt, wo es darum geht, den Betroffenen des Anschlags zuzuhören und ihre Aussagen festzuhalten: Unweigerlich muss hier abseits von zivilgesellschaftlichen Projekten, die sich eigens der Prozessbeobachtung und -protokollierung

3 SOLIDARISCHE PRAKTIKEN RUND UM DEN PROZESS

widmen, gekürzt oder ausgelassen werden. Gerade im Prozess von Magdeburg, der in beispielloser Weise von den dutzenden Nebenkläger*innen mitgestaltet wurde, gehen so zahlreiche Stimmen der Betroffenen verloren.

Einen beispielhaften Umgang mit der geschilderten Lage, in der wichtige Inhalte und Details eines Terror-Verfahrens verloren zu gehen drohen, zeigte in den vergangenen Jahren bereits das zivilgesellschaftliche Projekt NSU Watch. Die ehrenamtlichen Beteiligten protokollierten mehr als 400 Prozesstage, veröffentlichten diese kontinuierlich auf ihrer Webseite[5] und machten die (Nicht-)Aufarbeitung des NSU-Komplexes vor dem Oberlandesgericht München so für alle Interessierten nachvollziehbar. Die Protokolle bildeten eine wichtige Grundlage für die Arbeit von Untersuchungsausschüssen, die NSU Watch teilweise ebenfalls beobachtete, und prägten für viele Menschen die Wahrnehmung des Verfahrens und der dort verhandelten Morde.

Nach der Urteilsverkündung veröffentlichten darüber hinaus vier Journalist*innen Auszüge aus ihren Mitschriften aus dem NSU-Prozess in Form von mehreren Buchbänden.[6] Die durch die Autor*innen schriftlich festgehaltenen, aufbereiteten und ausgewählten Wortwechsel aus dem Gerichtssaal in München dienten später unter anderem der Auseinandersetzung mit dem NSU-Komplex in Kunst und Kultur und wurden in Theaterstücken, Hörspielen sowie Filmen verarbeitet.

Was Staat und Medien nicht leisten wollten oder konnten – den Halle-Prozess in einer Weise zu dokumentieren, die die wissenschaftliche, politische und gesellschaftliche Auseinandersetzung damit möglich macht –, übernahmen auch hier Projekte wie der

---

5 NSU Watch: Protokolle. In: *NSU Watch*, o. D. https://www.nsu-watch.info/category/prozess/protokolle/ (Zugriff am 29.12.2021).

6 Vgl. Annette Ramelsberger / Tanjev Schultz / Rainer Stadler / Wiebke Ramm: *Der NSU-Prozess. Das Protokoll.* München: Kunstmann 2018.

unter anderem von Prozessbeteiligten selbst betriebene Blog *Prozess Report Halle*, der Podcast *Halle nach dem Anschlag* von Radio Corax, die Berichte des Verbands der Beratungsstellen für Betroffene rechter, rassistischer und antisemitischer Gewalt (VBRG e. V.) und der Initiative NSU Watch sowie die Protokolle und mehrsprachigen Berichte des Vereins democ. Getragen wurde diese Arbeit bei den genannten Projekten fast ausschließlich von ehrenamtlichem Engagement.

MITSCHREIBEN ALS VERSUCH, ZU DOKUMENTIEREN Wir, die Autor*innen dieses Texts, haben im Rahmen unserer Tätigkeit für den Verein democ. die Hauptverhandlung gegen den Attentäter von Halle begleitet und mit der Hilfe weiterer Ehrenamtlicher zeitnah über die 26 Verhandlungstage auf Deutsch, Englisch und Hebräisch berichtet – mit einem Liveticker über Twitter, kurzen Berichten sowie ausführlichen Mitschriften zu den einzelnen Verhandlungstagen auf unserem Blog.[7] Leitend waren dabei die Fragen: Was genau geschah am 9. Oktober 2019? Wie radikalisierte sich der Attentäter? Welche politischen und gesellschaftlichen Verhältnisse ermöglichten seine Tat? Warum konnten die Sicherheitsbehörden ihn nicht stoppen? Und wie können die unterschiedlichen Perspektiven von Betroffenen einer breiteren Gesellschaft vermittelt werden?

Diese Arbeit war ein Versuch darzustellen, wie rechter Terror im Jahr 2020 vor Gericht verhandelt wird, und wie Betroffene ihre Perspektiven innerhalb dieses juristischen Rahmens einbringen können. Die Prozessbeobachtung und insbesondere

---

7 Die Autor*innen sind Vorstandsmitglieder des Vereins democ. e. V. https://democ. de/ (Zugriff am 21.09.2022). Die entstandenen Mitschriften des Halle-Prozesses gaben sie im November 2021 als Buch heraus: Vgl. Linus Pook/Grischa Stanjek/Tuija Wigard (Hrsg.): *Der Halle-Prozess. Mitschriften.* Leipzig: Spector 2021. Teile des vorliegenden Texts erschienen erstmals im Vorwort dieses Buchs sowie im März 2021 in der Frankfurter Studierendenzeitschrift *diskus*.

die Berichterstattung ist arbeitsintensiv: Jeder der zumeist rund siebenstündigen Verhandlungstage bedurfte viel Zeit zur Nachbereitung, oftmals mussten Namen oder Details, die akustisch nicht zu verstehen waren, nachrecherchiert werden.

Angetrieben hat uns die Überzeugung, dass es wichtig und notwendig ist, den Halle-Prozess kontinuierlich zu begleiten und Mitschriften aller Verhandlungstage anzufertigen, um sie für Journalist*innen, Wissenschaftler*innen und eine interessierte Öffentlichkeit zugänglich zu machen. Da es nicht gestattet ist, Tonmitschnitte von Strafverhandlungen anzufertigen, sind alle Mitschriften aus unseren Notizen entstanden. Wir selbst beobachteten den Prozess als akkreditierte Journalist*innen, was es uns erlaubte, unsere eigenen Laptops in der Verhandlung zu benutzen, um den Verlauf und das gesprochene Wort so detailliert wie möglich mitzuschreiben. Es ist nicht immer möglich gewesen, die langen Verhandlungstage mit gleichbleibender Konzentration abzubilden. Auch wenn ein Großteil der Hauptverhandlung mündlich erfolgte, wurde sich im Verlauf der Verhandlung immer wieder auf Teile der Prozessakten bezogen, die der Öffentlichkeit und damit auch uns nicht vorlagen.

Die Mitschriften spiegeln unsere Wahrnehmung des Prozesses im Moment der Niederschrift und unsere Erinnerung bei der Nachbearbeitung wider. Eine Garantie auf Vollständigkeit und Fehlerlosigkeit ist vor diesem Hintergrund nicht gegeben. Alle Vorgänge, Aussagen und Zwischenrufe wurden durch uns nach bestem Wissen und Gewissen mitgeschrieben und gründlich ausformuliert. In einigen Fällen erhielten wir von Anwält*innen ihre schriftlichen Gedächtnisstützen und Notizen, etwa zu den mündlich gehaltenen Schlussvorträgen. Diese haben wir zur Ausformulierung unserer Mitschriften genutzt. Entscheidend war aber auch in diesen Fällen stets das gesprochene Wort. Wir haben versucht, so nah wie möglich am Wortlaut zu bleiben, und uns bewusst dafür entschieden, möglichst wenig redaktionell einzugreifen. Wenn Aussagen inhaltliche Sprünge oder Widersprüche enthalten, wenn sie interpretationsbedürftig erscheinen oder ihnen schwer zu folgen ist, dann haben wir sie trotzdem so aufgeschrieben, wie sie vor Gericht zu hören waren.

Diese individuell gefertigten Aufzeichnungen sind immer subjektive Erinnerungen und können als solche fehlerhaft oder lückenhaft sein. Zwangsläufig entstehen zum Teil sehr unterschiedliche Wahrnehmungen und Bewertungen des Geschehens im Gerichtssaal. Solange es seitens des Gesetzgebers keine Möglichkeiten des vermittelten Zugangs jenseits der physischen Präsenz gibt, etwa durch öffentlich zugängliche Protokolle oder Mitschnitte, kann es keine (legale) Dokumentation geben, die den Anspruch einer absoluten und objektiven Darstellung einlöst. Die einzelnen Beobachter*innen können lediglich ihre Wahrnehmung des Geschehens festhalten und der Öffentlichkeit anbieten. Bei anderen Anwesenden und Prozessbeteiligten wird diese Wahrnehmung zuweilen auf Widerspruch stoßen, insbesondere dort, wo deren intime, eigene Aussagen im Prozess Gegenstand der Dokumentation sind. Gleichwohl erschien es uns als der richtige Weg, die Mitschriften Zeugnisse des individuellen Erlebens und Erinnerns sein zu lassen und sie nicht etwa durch die über 120 Prozessbeteiligten redigieren oder autorisieren zu lassen – es würde so der Schein einer absoluten Wahrheit suggeriert, der bei den derzeitigen rechtlichen Rahmenbedingungen der Prozessdokumentation nicht einzulösen ist.

Auch die antisemitischen und rassistischen Aussagen des Angeklagten wurden von uns mitgeschrieben. Uns ist bewusst, dass diese beim Lesen an einigen Stellen schwer zu ertragen sind, sind aber überzeugt, dass die Aussagen von Zeug*innen und die Einsprüche von Nebenklagevertreter*innen eine ausreichende Kontextualisierung seines menschenverachtenden Weltbilds ermöglichen. Es ist unabdingbar, die mörderische und hasserfüllte Ideologie des Angeklagten abzubilden, um sie für weitere Analysen zugänglich zu machen. Auslassungen wurden nur in drei Fällen vorgenommen:

Erstens, wenn es um Details zu den Waffen des Angeklagten ging, um potenziellen Nachahmern den Bau oder die Beschaffung von Schusswaffen nicht zu erleichtern. Zweitens, wenn es um konkrete Angaben zum Sicherheitskonzept der Synagoge ging, da auch diese sensiblen Informationen einem breiteren Publikum nicht bedenkenlos zugänglich gemacht werden sollten. Drittens werden private Details aus dem Leben der Zeug*innen, etwa die teils verheerenden psychischen Folgen der Tat, nur in der gebotenen Knappheit dargestellt.

Dem Wunsch einiger Betroffener, dem Attentäter nicht die Bühne zu bieten, die er sich erhoffte – also seinen Namen nicht zu nennen, sein Gesicht nicht zu zeigen, sind wir nachgekommen. Aus der Terrorismusforschung ist bekannt, dass Attentäter häufig auch ein Wunsch nach Aufmerksamkeit umtreibt; eine Art negative Ikonisierung, die Nachahmer motivieren könnte. Auch um diese narzisstische Sehnsucht nicht zu erfüllen, ist es sinnvoll, die Betroffenen anstelle des Täters in der Berichterstattung in den Vordergrund zu rücken. Gleichzeitig ist es die Aufgabe eines Strafprozesses, die Schuldfrage zu klären und das richtige Strafmaß zu bestimmen. Ein solcher Prozess ist deshalb immer auch täterzentriert. Wir hatten jedoch den Eindruck, dass die Hintergründe der Tat sowie die Ideologie des Täters dargelegt werden können, ohne seinen Namen zu nennen.

Ein Strafprozess gegen einen antisemitischen, rassistischen und misogynen Attentäter dient der Klärung der Tat und der Schuld des Angeklagten. Als öffentlicher Prozess bietet er aber auch die Möglichkeit, die Gesellschaft über Motive und Hintergründe des Attentats aufzuklären und Einblicke in das familiäre, subkulturelle und politische Umfeld zu geben, in dem sich der Täter radikalisierte.

Auf der anderen Seite war der Halle-Prozess auch ein Zeugnis der vielfältigen Perspektiven der Betroffenen, die der Ideologie des Angeklagten vor Gericht couragiert etwas entgegensetzen konnten.

Auch ihre Erzählungen werden die Erinnerung an diesen Anschlag prägen.

Vor dem Hintergrund der Geschichte des Rechtsterrorismus in Deutschland, der gesellschaftlichen Kontinuitäten von Antisemitismus und Rassismus und des Versagens der staatlichen Behörden ist es unerlässlich, die Hauptverhandlungen, in denen diese Zustände zumindest durch Nebenkläger*innen zum Gegenstand gemacht wurden, für die Öffentlichkeit zugänglich zu machen. Der Halle-Prozess ist eine Zäsur, er erlaubt einen Einblick in den öffentlichen Diskurs zu rechtem Terror im Jahr 2020. Er ist auch ein historisches Ereignis, das Gegenstand künftiger gesellschaftlicher Auseinandersetzung sein sollte. Wer immer sich mit Verfahren wie dem NSU-Prozess oder dem Verfahren gegen den Attentäter von Halle vertiefend auseinandersetzen will, ist auf die zivilgesellschaftliche Protokollierung angewiesen: Eine andere Grundlage gibt es oft nicht.

4 — ד

GEDENKEN

THE JEWISH PURSUIT OF JUSTICE AT THE FESTIVAL OF RESILIENCE

REBECCA BLADY

In the summer of 2020, a high-profile court case began in Germany. The perpetrator of the horrific racist and antisemitic attack in Halle, Germany on the day of Yom Kippur, October 9, 2019, would stand trial for his crimes of murdering two innocent people, Jana L. and Kevin S., and for 68 counts of attempted murder. Over the course of the trial, media professionals and politicians, many of whom were well-intentioned, began to craft a narrative of this trial's significance. They had a particular interest in telling the stories of the survivors of the attack, especially those who were part of the trial as co-plaintiffs, for their natural narrative arc and emotional appeal.

I was one of those co-plaintiffs whose voices was sought, over and over again, by the well-intentioned people who wanted a story. In retrospect, in those early days of the trial in July 2020, I was nowhere near ready to tell my story; the elements of what I needed to say were only then becoming clear to me. What I did understand from that moment, though, was the need for us, as survivors, to reclaim our narrative. Between the courtroom, the press, the photographers, and the Twitterverse, there was no space to do this reclamation and reconstruction work, and to rebuild our narratives and ourselves.

Six months prior, on February 19, 2020, another brutal racist attack had occurred in Hanau, Germany, in which a perpetrator

THE JEWISH PURSUIT OF JUSTICE AT THE FESTIVAL OF RESILIENCE

Noa Luft, former Executive Director of the Jewish Student Union Deutschland, speaks at the Festival of Resilience 2020, together with former Vice President, Ruben Gerczikow.

motivated by similar right-wing ideology killed nine people, as well as his mother and himself. With the perpetrator dead, the survivors and families of the murdered victims had no trial in which to organize their demands for justice and desire for change in society. Yet the grief and pain persisted.

The idea for a new initiative – one that celebrates the resilience of humanity in the face of evil and trauma – came to me before I knew about the long tradition of grassroots initiatives created by survivors from Mölln, Berlin, Hamburg, Hanau, and beyond, in the wake of their trauma. And yet, hearing the needs expressed by my fellow survivors and community members, it dawned on me and my collaborators that it was high time for a Jewish contribution to this national story of resilience – a story that is being written at the Möllner Rede im Exil, through the work of the survivors and activists that are part of the initiative 19. Februar Hanau, but also in a longer story by survivors of the Holocaust and their allies that contributed to the democratization of German society through their demands for remembrance. The Festival of Resilience invites individuals who feel affected by the trauma caused by right-wing extremism to join together and work towards a shared cause. Survivors themselves need a space to shape, to own, to grieve, and to celebrate the incremental progress toward the reconstruction of self.

Back in July 2020, at the time of the trial, it became clear that such a project need not exist for the sake of one community alone. Too many groups in German society had been victims of right-wing terror. The only way forward, toward any real hope of resilience, was to build one big, shared space – a space that would remind us that even as we grieve the people and the selves we had lost, we are still part of something bigger, something sacred, a shared dream of a safe, equitable, and just civil society. But the Festival of Resilience began as – and remains – a Jewish story.

THE SUKKAH The Festival of Resilience is now an annual event, structured around the Jewish holiday of Sukkot, which celebrates our ability to find holiness and joy within spaces of transience and vulnerability. The symbol of Sukkot is the Sukkah, a fragile, three- or four-walled, beautifully decorated structure, built (with great effort) to stand for seven days as a container for our entire lives: eating and drinking, learning, talking, and even sleeping. The Sukkah is a temporary thing, a beautiful thing, designed in contrast to the very idea of permanence. Yet we are not meant to dwell in instability alone. The Sukkah longs for guests. The irony of Sukkot's temporality is that it encourages us to share the impermanence with others, to create an atmosphere of welcoming hospitality within uncertainty. The urge is natural; spending time in something temporary leads to a desire for something sturdy, only here it is not a building: It is the creation of a stronger nation, a stronger spirit, and a stronger connection to G-d.

THE JEWISH PURSUIT OF JUSTICE AT THE FESTIVAL OF RESILIENCE

In ancient times when the Temple stood in Jerusalem, the Jewish people offered animal sacrifices coinciding with the seven days of Sukkot: seventy bulls, to be exact. Why seventy? The Talmudic Rabbi Elazar teaches us that these seventy sacrifices correspond to the "seventy nations of the world."[1] The noted commentator Rabbi Adin Steinsaltz frames this as a form of advocacy on behalf of the entire world; the sacrifice represents a prayer for *gashmei bracha*, rains of peace and blessing, to comfort and sustain all of humanity. The contemporary message: We are not meant to observe the holiday of Sukkot as a singular community. On the contrary, our tradition encourages us to consider the world and its people too at this auspicious time of celebration. Following this tradition, the Festival of Resilience invited people from various cultures, united by a common mission, to come together under one temporary, colorful, sacred Sukkah, in the service of world peace.

CELEBRATING RESILIENCE Why does a festival like the Festival of Resilience succeed? It appears that, until recently, "resilience" was not a concept that required explicit celebration. In 2020 – and again, sadly, in 2021 – the call to a plural community, united in celebration of resilience in the face of right-wing terror, also dragged us out of the isolation enforced by the COVID-19 pandemic. The concept of resilience captures the essence of survivorship, in the broadest possible sense. The celebration involved all of us – our community of Jews, activists, and allies – in our very humanness; we had all withstood extraordinary tests of our own selfhood, with months of sickness and quarantines under our belts.

And yet, for the Jewish people, we have celebrated our "resilience" since the beginning of time. Our traditions emerged from a forty-year trek in the desert, preceded by a walk through a sea. Our Torah tells a story of a vastly imperfect people and a singular

---

[1] Babylonian Talmud, Sukkah 55b.

God who struggles to understand them – and, despite all this, the people and God build a relationship, an expansive one that evolves in character and adapts to countless situations, threats, and surprises. The relationship is so resilient that it grows from one only individuals have (Adam and Eve; Noah; Abraham and Sarah) to one generations of a family have (Rebecca and Isaac; Jacob, Leah, and Rachel; Reuben, Judah, and Joseph). And then it grows further, into a relationship between God and a nation, led by a prophetic leader (Moses) and his siblings (Miriam and Aaron) that responds to change (initiated by the likes of Yitro and the daughters of Zelofchad, for example). The core of this relationship, indeed the core of Jewish tradition, is resilience. It is making an enduring commitment to a sacred ideal, and adapting our practice when needed in service of that commitment.

The festival is about the Jewish community practicing resilience in the form of making an enduring commitment to an intersectional vision of justice. In Judaism, justice (*tzedek*) is a sacred ideal, as our tradition instructs us to always and without a doubt choose life and to move our society in a life-affirming direction as much as we can. Striving for equality in society is our responsibility, so that we can continue to help our world along the path toward preserving life and the dignity of all human beings.

HEARING SURVIVORS "Resilience is the weight that we carry for ourselves, and for each other. On our bodies. On our hearts."[2] These are the words of Talya Feldman, a Hamburg-based Jewish artist and survivor of the Halle synagogue attack. These words were part of her powerful talk, given at the Festival of Resilience in 2021.

Talya, who is also a dear personal friend, has accomplished some of the most profound coalition-building I have seen in the past year.

---

2 Talya Feldman: Keynote Address, Ceremony of Resilience, Cassiopeia Berlin, Germany, September 23, 2021.

THE JEWISH PURSUIT OF JUSTICE AT THE FESTIVAL OF RESILIENCE

Talya Feldman delivering remarks at the Festival of Resilience 2021, accompanied by activist Rachel Spicker.

The Festival of Resilience is just one of the ways she does this work. We were privileged to hear her reflections on the trial that spurred the festival into existence:

> *On the last day of the trial against the Halle perpetrator in Magdeburg. With the verdict that refused to acknowledge a continuity of violence and hate in Germany and recognize two of my fellow co-plaintiffs as victims. My dear friends. A verdict that, as Aftax has expressed, left him knowing he could have been killed without any consequence. A racist society that continues to verbally and physically abuse him. But he says, it is good that we continue. It is good that we are here.*[3]

---

3 Ibid.

This statement reflects the essence of the Festival of Resilience, what it seeks to accomplish, as a contribution of the Jewish community to German society. We cannot just stand by and do nothing, not as Jewish people, not as allies, not as people who have faced the same fate. When Talya began her speech, she said:

> *How can we overcome, when remembrance reminds us every day that what we experience and have experienced will always be here. We are changed forever. As individuals. As a community. As a society. Resilience is simply something that we are, because we have to be. Because we need to be.*[4]

When a generation of Jews in Germany understands that resilience is a sacred ideal, a necessary component for the pursuit of justice, when we take responsibility for moving society in a life-affirming direction, and stand up so boldly for an intersectional vision of justice, it makes a difference.

I believe in putting relationships at the core of resilience. And the message also carries to the many communities in Germany that have been targeted for who they are, to the initiatives and organizations that have supported survivors. It carries to the activists, the influencers, and the change-makers who supported this festival from the beginning.[5] That is the reason for the Festival of Resilience's success: It is not just a cause, it is not just building the necessary relationships to fight the epidemic of right-wing extremism Germany now suffers. It is because it is a Jewish project. Resilience is a fundamental part of who we are.

---

4 Feldman: Keynote Address.
5 I am particularly grateful to the Alfred Landecker Foundation, the Amadeu Antonio Foundation, the Central Council of Jews in Germany, the Jewish Agency, and the Genesis Philanthropy Group for their support from the festival's inception.

THE JEWISH PURSUIT OF JUSTICE AT THE FESTIVAL OF RESILIENCE

Hanau Survivors on stage at the Festival of Resilience 2020.

IN MEMORIAM   The first Festival of Resilience honored the memory of the following *kedoshim*, sacred souls who lost their lives within the year before the festival was founded to right-wing violence in Germany:

Jana Lange	Sedat Gürbüz
Kevin S.	Fatih Saraçoğlu
Gökhan Gültekin	Hamza Kurtović
Ferhat Unvar	Kaloyan Velkov
Mercedes Kierpacz	Vili Viorel Păun
Said Nesar Hashemi	

The festival continues to be held in memory of the innocent people who lost their lives in similar violent attacks in various parts of Germany.

DIE ANTWORT, DIE WIR GEMEINSAM ERSCHAFFEN

*Wie ich mich mit Hilfe meines Rabbiners,
Lord Jonathan Sacks, dem Antisemitismus stellte*

EZRA WAXMAN

Am 20. Cheschwan 5781 – dem 7. November 2020 – verlor die Welt einen ihrer besten Kritiker: Lord Jonathan Sacks, den ehemaligen Großrabbiner des britischen Commonwealth. Rabbi Sacks war ein ethischer Virtuose: ein Meister in der Kunst der *Tora we-Chokhma*, die jüdische Lehren mit universeller Weisheit verbindet. Rabbi Sacks pflückte die Früchte im *Pardes* (Obstgarten) jüdischer und weltlicher Weisheit. Er entwickelte die nötige Sprachgewandtheit und den nötigen Scharfsinn, um unter altehrwürdigen moralischen Wahrheiten diejenigen aufzuspüren und zu erläutern, die für uns heute am relevantesten sind. Sacks diente einer Generation, die von beispielloser kultureller Vielfalt und immer tieferen Gegensätzen geprägt war. Geschickt und diplomatisch vermittelte er ethische Einsichten an verschiedene Seiten tief verwurzelter politischer Gräben. Seine Lehren waren stets für jüdische und nichtjüdische Menschen gleichermaßen zugänglich; er leitete seine unzähligen Schüler*innen wie ein moralischer Kompass, der ruhig, gelassen und mit Würde den Weg zum Guten weist.

Die jüdische Gemeinde meiner Kindheit und Jugend war von denselben kulturellen und spirituellen Einflüssen geprägt, die

Jonathan Sacks zu dem Rabbiner gemacht hatten, der er war. Meine jüdische Erziehung begann an der New England Hebrew Academy von Chabad, entwickelte sich an der Maimonides School weiter und wurde an der Jeschiwa Birkat Moshe vertieft. Rabbi Sacks betonte, wie wichtig die visionären Gründer dieser drei religiösen Institutionen für ihn waren, wie sie ihm jeweils etwas Eigenes beibrachten: Führung zu übernehmen (Menachem Mendel Schneerson: Chabad/Lubawitsch), selbstständig zu denken (Rabbi Joseph Baer Soloveitchik) und Zivilcourage zu zeigen (Rabbi Nachum Elieser Rabinovitch).[1] Intellektuell lehrten uns diese Institutionen über die *Tora we-Chokhma*. Spirituell forderten sie uns auf, die Ethik unserer Vorfahren zu verinnerlichen und unsere Erfahrungen in der weiten modernen Welt damit in Einklang zu bringen.

Die *Tora we-Chokhma Hashkafa* (Weltanschauung) kann man sich als eine komplexe Konversation zwischen Wissenschaft und Religion vorstellen.[2] Sie geht davon aus, dass die Axiome der orthodoxen Theologie und der biblischen Geschichte mit den Methoden der modernen Geistes- und Naturwissenschaften vollkommen vereinbar sind. Einer ihrer berühmtesten Anhänger war Maimonides (1138–1204 n. u. Z.), für den der Gott Abrahams und der Gott des Aristoteles eins waren. Seit Galilei (1564–1642 n. u. Z.) und dem Beginn der wissenschaftlichen Revolution ist der Dialog zwischen Wissenschaft und Religion jedoch antagonistischer geworden.

Im 19. Jahrhundert schien wissenschaftliche Rationalität einen entscheidenden Sieg über heilige Offenbarungen errungen zu haben, was Friedrich Nietzsche dazu veranlasste, Gott für tot zu erklären. Nietzsche fragt verzweifelt: „Welche Sühnefeiern, welche

---

1 Sacks über seine Begegnungen mit dem Rebbe (Schneerson) und dem Rav (Soloveitchik) in Jonathan Sacks: *The Great Partnership. God, Science, and the Search for Meaning.* London: Hodder & Stoughton 2011, S. 120–129.

2 Vgl. Jonathan Sacks: *Future Tense.* London: Hodder & Stoughton 2009, S. 207–230.

heiligen Spiele werden wir erfinden müssen?"³ Welches Jom Kippur brauchen wir jetzt, um unseren Glauben an die Gottlosigkeit zu sühnen und unsere Hände vom göttlichen Blut? Als Reaktion auf diese Anschuldigungen des Gottesmordes versuchten die Anhänger*innen der *Tora we-Chokhma*, die Beziehung zwischen Wissenschaft und Religion neu zu überdenken.⁴

Früher einmal konnten sich der Jude Maimonides, der Christ Thomas von Aquin und der Muslim Ibn Ruschd (Averroes) in der gemeinsamen Sprache der aristotelischen Metaphysik verständigen. Doch seit dem Triumph der modernen wissenschaftlichen Rationalität über die heilige Offenbarung und dem resultierenden

---

3   Friedrich Nietzsche: Die fröhliche Wissenschaft. In: Ders.: *Werke in drei Bänden*, hrsg. v. Karl Schlechta, Bd. 2. München: Hanser 1955, S. 7–274, hier S. 127 (§125 „Der tolle Mensch").

4   Die zeitgenössische *Tora we-Chokhma* ist eine Art Hochseiltanz zwischen Wissenschaft und Religion, größtenteils vom geistigen Begründer des modernen amerikanischen orthodoxen Judentums inspiriert – dem großen Intellektuellen Rabbi Joseph B. Soloveitchik. In *The Halakhic Mind* (New York: Seth 1986) stellt er fest, dass die wissenschaftlich-mathematischen Entwicklungen des 19. und 20. Jahrhunderts (nichteuklidische Geometrie, moderne Physik) den Zusammenbruch des euklidisch-newtonschen Weltbilds einleiteten. Die Religionen oder Philosophien von Aristoteles und Immanuel Kant wurden durch die Entdeckungen von Albert Einstein und Niels Bohr entscheidend hinterfragt, aber auch die Wissenschaft selbst ist nicht mehr das unverfälschte Paradigma des Wissens, als das sie einst galt. Angesichts dieser neuen Beschränkungen der erkenntnistheoretischen Reichweite der Wissenschaft postuliert Soloveitchik, dass sich der Religion im 20. Jahrhundert eine seltene historische Gelegenheit bietet: nämlich ihre *Autonomie* gegenüber der Wissenschaft zu erklären, indem sie die gelebte menschliche Erfahrung auf ihre eigene Art darstellt. Mit dem ganzen Gewicht des neukantianischen deutschen Idealismus entwickelt Soloveitchik dann akribisch einen Rahmen für seine Religionswissenschaft: eine Vision für zeitgenössische Weltdeutung durch Religion. Letztlich kommt er zu dem Schluss, dass die religiöse Orthodoxie ein Wissen über die menschliche Erfahrung biete, das zwar auf einer anderen Ebene als die reduktionistische wissenschaftliche Sichtweise stehe, diese aber ergänze. Vgl. Jonathan Sacks: Rabbi Joseph B. Soloveitchik's Early Epistemology. In: Marc D. Angel (Hrsg.): *Exploring the Thought of Rabbi Joseph B. Soloveitchik*. Hoboken, NJ: Ktav 1997, S. 209–228.

Zusammenbruch der traditionellen Ordnung ist jedes religiöse System nur eine Option unter vielen. Diese Entwicklungen veränderten die grundlegende Struktur der gelebten religiösen Erfahrung. In den 1960er Jahren schufen wachsende Autonomie und Vielfalt darüber hinaus ein kulturelles Klima des Individualismus – und damit neue Herausforderungen bei der Suche nach existenzieller Bedeutung und spiritueller Erfüllung. Angesichts dieses zunehmenden epistemologischen Pluralismus und des Zusammenbruchs einer gemeinsamen geteilten Weltanschauung stellt Sacks die Frage, welche Ressourcen den Religionsgemeinschaften heute zur Verfügung stehen, um erfolgreicher kulturübergreifend miteinander zu kommunizieren.

Um eine konzeptionelle Grundlage für mein eigenes religiöses Dasein zu schaffen, musste ich einen angemessenen Platz für das Judentum in der breiteren kulturellen Sphäre finden, der ich mich ebenfalls zugehörig fühle. Ich interessierte mich zudem für die Konfrontation zwischen religiöser und säkularer Weisheit sowie für den zeitgenössischen Diskurs über den interreligiösen Dialog und die interkulturelle Kommunikation. Mit meinem *Tora-we-Chokhma*-Diplom in der Hand freute ich mich auf den Austausch mit nichtjüdischen Menschen, Kulturen und Traditionen in meinem Umfeld. Die Bibel spricht vom Wohlwollen gegenüber Fremden[5]; ich spürte dieses, und noch viel mehr – die Faszination der nichtjüdischen Welt. Für mich war ihre Andersartigkeit verführerisch und spannend. Als ich „von meinem Vaterland und von meiner Verwandtschaft und aus meines Vaters Hause ging"[6], übernahm ich mit Begeisterung den *Minhag* (Brauch) der jüdischen Diaspora: das Nomadensein. Das Reisen befriedigte auch meinen jugendlichen Individualismus. Als Globetrotter erlebte ich auf meiner Suche nach existenzieller Erfüllung alles, was mir

---

5   Shemot 23,9.
6   Bereshit 12,1.

lieb war – Nervenkitzel, Abenteuer, Risiko und Streicheleinheiten für meinen Ehrgeiz.

Eine meiner ersten Auslandsreisen führte mich nach Südafrika. Am Morgen vor Jom Kippur, 5770, befand ich mich in Maseru, Lesotho. Dort per Anhalter zu fahren, ist, gelinde gesagt, nicht ratsam, aber ich musste doch pünktlich vor Sonnenuntergang in der Synagoge in Johannesburg sein, um das Fest zu begehen. Am Grenzübergang sprach ich einige an, bis schließlich ein frisch vermähltes Paar, das von Lesotho in Richtung Pretoria fuhr, sich bereiterklärte, mich bis Johannesburg zu fahren. Einen Fremden mitzunehmen, war für das Paar ein echtes Risiko. Aber: „Das ist Afrika", sagte der Mann, hier lebe man *Ubuntu* – die uralte Tradition der gegenseitigen Fürsorge. Als wir in Johannesburg angekommen waren, bestand das Paar auch noch darauf, mich direkt zu meinem Ziel zu fahren.

Fast drei Stunden später, wenige Minuten vor Sonnenuntergang, fuhr ein Auto vor dem Haus der jüdischen Familie vor, bei der ich untergebracht war. Das junge Paar war aus Pretoria nach Johannesburg zurückgekehrt, um mir meine Brieftasche zurückzugeben, die ich dummerweise auf dem Rücksitz ihres Autos vergessen hatte. In jenem Jahr beging ich Jom Kippur mit der größten Bewunderung für die außergewöhnliche Freundlichkeit dieses Paares gegenüber einem Fremden.

Was wurde bei dieser Interaktion kulturübergreifend kommuniziert? Ich konnte drei Ebenen identifizieren: eine ethische, eine kulturelle und eine religiöse. Grundlegend war der (universelle) ethische Akt des *Ubuntu*: Dieses Konzept hat mich so unmittelbar berührt, dass es von da an Teil meines eigenen kulturellen Bewusstseins wurde. Dem Universellen folgte das Besondere: geografische und sprachliche Barrieren – kulturspezifische Herausforderungen, die es mir wohl kurzfristig erschweren würden, eine persönliche Beziehung zu diesen Menschen aufzubauen, die ich aber sicherlich überwinden konnte. Die dritte Dimension war religiös. Bei den *Kol-Nidre*-Gebeten hatte ich das Gefühl, dass die größten Hindernisse

DIE ANTWORT, DIE WIR GEMEINSAM ERSCHAFFEN

für interkulturelle Kommunikation im religiösen Bereich liegen. Ubuntu stand *Chesed* (Güte) zwar sehr nah und traf mich auch direkt in meinem religiösen Kern – aber ohne Jom Kippur als Teil einer gemeinsamen Glaubenssprache konnte ich diesem Paar nicht den besonderen Charakter der Dankbarkeit und Wertschätzung vermitteln, die ich jetzt gegenüber dem Schöpfer empfand.

Meine Erfahrungen im Ausland erfüllten mich mit Begeisterung, ja Verliebtheit, für alles Neue. Menschliche Begegnungen fühlten sich bedeutungsvoll an, und mein Schreibinstinkt drängte mich dazu, etwas zu verfassen, das vielleicht ein Leben über meins hinausfinden könnte. Das Ergebnis war eine Reihe kurzer Berichte über die Abenteuer eines jungen amerikanischen Juden, der mit nichts als einer gesunden Portion Tollkühnheit und etwas Charme die Welt bereist. Ich darf wohl kaum behaupten, ein geradliniger britischer Rabbi würde die jugendlichen Späße gutheißen, die den Hauptteil meiner Texte ausmachten. Und doch spürte ich, wie Rabbi Sacks mich inspirierte, als ich meine neuen Erfahrungen niederschrieb. Nachdem ich ihn im Juni 2010 in der Großen Synagoge in Jerusalem reden gehört hatte, sprach ich ihn an und drückte ihm ein Exemplar meiner autobiografischen Gedanken in die Hand.

Um in der Frage interkultureller Kommunikation nochmal auf Soloveitchik zurückzukommen: Er schreibt in „Konfrontation"[7], einem Artikel aus dem Jahre 1964, über interreligiöse Kommunikation. Einige Jahre zuvor, am Weihnachtstag, dem 25. Dezember, hatte Papst Johannes XXIII. das Zweite Vatikanische Konzil einberufen, das die althergebrachten katholischen Lehren über jüdische Menschen und das Judentum aktualisieren (*aggiornamento*) sollte. Nach der Shoah und der Entstehung des modernen Staates Israel suchte die Kirche nun nach einem neuen, gemeinsamen Weg. Die Reaktionen innerhalb der jüdischen Gemeinschaft waren geteilt. Auf der einen Seite stand Rabbiner Abraham Joshua Heschel mit

---

7 Joseph B. Soloveitchik: Confrontation. In: *Tradition* 6,2 (1964), S. 5–29.

seiner Überzeugung, dass jüdische und christliche Menschen trotz aller Meinungsverschiedenheiten eine religiöse Grundlage finden können, um in Fragen von gemeinsamem moralischem und geistigem Interesse zusammenzuarbeiten. Auf der anderen Seite stand beispielsweise Rabbi Moshe Feinstein, der große Bedenken gegenüber dem interreligiösen Dialog hatte – vor allem wegen des Wunsches, Jüdinnen und Juden zum Christentum zu bekehren. Die missionarischen Absichten der Kirche stünden dem unbezwingbaren Überlebenswillen des jüdischen Volkes grundsätzlich entgegen, sagte er. Wie die Geschichte bereits mehrfach gezeigt habe, sei der interreligiöse Dialog daher ein gefährliches Unterfangen für die jüdische Gemeinschaft.

Diese historischen Umstände veranlassten Soloveitchik, gründlicher über die Bedingungen nachzudenken, unter denen interreligiöse Kommunikation fruchten kann. Seiner Meinung nach sprechen alle Religionsgemeinschaften „die universelle Sprache des modernen Menschen"[8]. Daher, so Soloveitchik, sei es möglich, wünschenswert und sogar unerlässlich, in allgemeinen sozialpolitischen und gesellschaftlichen Fragen zusammenzuarbeiten. Andererseits hat jede Religionsgemeinschaft ihre eigenen Formen des religiösen Bewusstseins, ihr Absolutes. Solche privaten Gemeinschaftserfahrungen lassen sich seines Erachtens nicht ohne weiteres interreligiös kommunizieren, und das schränke die Verständigung in Glaubensfragen stark ein. Dabei erlaubt sich Soloveitchik ein Augenzwinkern: Seine Vorbehalte gegenüber der interreligiösen theologischen Kommunikation formuliert er ausgerechnet mithilfe einer Terminologie und Sprache, die er von christlichen existenzialistischen Denkern übernimmt. Und doch ist die *Peshat* (einfache Lesart) seiner politischen Empfehlung vollkommen klar: Wenn es um den interkulturellen Dialog geht, sind weltliche Angelegenheiten *koscher* und religiöse *treif*.

---

[8] Soloveitchik: Confrontation, S. 24.

Soloveitchik war ein Pluralist; er betrachtete Wissenschaft und Religion als weitgehend unabhängige erkenntnistheoretische Inseln – und auch Religionsgemeinschaften als weitgehend unabhängige theologische Inseln. Politisch forderte er konsequent eine konfessionsübergreifende Kultur, die den gesellschaftlichen Zusammenhalt stärkt und gleichzeitig die autonomen Rechte von Minderheitengemeinschaften schützt. Eine weitgehend unvorhergesehene Folge dieser multikulturalistischen Denkweise ist jedoch, dass sie jenen Interessengruppen beträchtliche Macht verleiht, die sich in intellektuellen Ghettos und theologischen Echokammern verbarrikadieren wollen. Sacks bezeichnet den 11. September 2001 als einen entscheidenden historischen Moment, der kategorisch bewies, dass religiöser Parochialismus heute nicht mehr haltbar ist. Die Parameter für fruchtbaren interreligiösen oder interkulturellen Dialog und Zusammenarbeit müssen für das beängstigend dynamische Zeitalter der globalen digitalen Kommunikation neu durchdacht werden.[9]

Während Soloveitchik es wichtig fand, die kulturellen Werte zu bewahren, die uns voneinander unterscheiden, argumentiert Sacks, dass in einem Zeitalter der sektiererischen Identitätspolitik und des verstärkten Individualismus gerade unsere gemeinsamen Werte gestärkt werden müssten. Nach der Feststellung, dass die „universelle Sprache des modernen Menschen"[10] uns Kommunikation ermöglicht, macht er sich daran, diese Sprache weiterzuentwickeln. In *The Home We Build Together*[11] argumentiert er für einen Sozialpakt als Rahmen für die Kommunikation zwischen

---

[9] Vgl. zu Sacks zum Zweiten Vatikanischen Konzil und der Bedeutung des 11. September: Jonathan Sacks: The Dignity of Difference. How to Avoid a Clash of Civilizations. In: *Sacred Heart University Review* 25,1 (2009). http://digitalcommons.sacredheart.edu/shureview/vol25/iss1/2 (Zugriff am 02.02.2023).

[10] Soloveitchik: Confrontation, S. 24.

[11] Vgl. Jonathan Sacks: *The Home We Build Together. Recreating Society*. London / New York: Continuum 2007.

Subkulturen innerhalb der Gesellschaft. Dieser Sozialpakt – eine kollektive kulturelle Erzählung bzw. ein gemeinsames Set ethisch-religiöser Werte und Überzeugungen – solle ein erhöhtes Verantwortungsgefühl füreinander und für das Gemeinwohl fördern. Denn die Zunahme des religiösen Parochialismus im Westen gehe mit zunehmendem Individualismus und zunehmender Einwanderung einher; unkontrolliert führe beides zur Erosion eines gemeinsamen Moralkodexes. Wie Émile Durkheim feststellt, weisen Gesellschaften in solchen Zeiten rapider moralischer Turbulenzen (Anomie) oft hohe Selbstmordraten auf[12]: Einzelne werden von Gefühlen der Entfremdung und Ziellosigkeit überwältigt, die häufig mit moralischer Deregulierung einhergehen. Sacks schlägt daher vor, den Sozialbund zu stärken, um den schwächsten Mitgliedern der Gesellschaft zu helfen, „das Leben zu wählen"[13] und dem radikalen Sektierertum Einhalt zu gebieten.

Ubuntu ist ein gutes Beispiel für einen Sozialpakt. Dieser Begriff bedeutet auf Ngoni ‚Menschlichkeit'; auf Xhosa (einer anderen Bantu-Sprache) steht er speziell für den kulturellen ‚Glauben an ein universelles Band des Teilens, das die ganze Menschheit verbindet'. Die Vorstellung von einem Band zwischen den Menschen trägt dazu bei, ein Gefühl der individuellen Verantwortung gegenüber dem Kollektiv zu fördern. Wie ich es in Lesotho erlebt hatte, erschafft *Ubuntu* Netzwerke des gemeinschaftsübergreifenden Vertrauens im gesamten Südafrika. Durch die Identifizierung, Entwicklung und Stärkung des sozialen Bündnisses entwickeln Menschen mehr Verantwortung für das Gemeinwohl.

Um unser eigenes Verantwortungsgefühl zu fördern, wäre es hilfreich, würden wir im Westen auch ein Gedächtnis teilen. Die

---

[12] Vgl. Jonathan Sacks: *Not in God's Name. Confronting Religious Violence*. Jerusalem: Maggid 2016, S. 44–46; ders.: *Morality. Resorting the Common Good in Divided Times*. Jerusalem: Maggid 2020, S. 18, 84–85.

[13] Dvarim 30,19.

biblische Überlieferung des Exodus etwa böte ein Modell für einen sozialen Bund, der für westliche Demokratien geeignet ist – ein auf dem abrahamitischen Glauben basierendes Analogon zu *Ubuntu*. Im Gegensatz zu dem totalitären Impuls, idealisierte Narrative zu konstruieren, in denen „wir einst ein großes Reich waren", spricht die kollektive Erinnerung an den Exodus von unseren bescheidenen Wurzeln: „Ein Fremder bin ich in fremdem Land"[14]. Die ethischen Konsequenzen eines solchen Narrativs sind beeindruckend: „Auch ihr sollt den Fremden lieben; denn ihr seid selbst Fremde gewesen im Land Ägypten"[15]. Sacks findet damit eine besonders passende kollektive Erzählung für eine Gesellschaft, die in hohem Maße von Einwanderung und zunehmendem Individualismus geprägt ist – und die einen neuen gemeinsamen Moralkodex sucht.

„*Arami oved avi*. Mein Vater war ein umherirrender Aramäer"[16]. Abraham hatte „im Keller seiner Mutter"[17] gelebt, bis Gott ihm befahl, sich die Welt anzusehen. Im Juli 2019 half ich bei der Organisation eines Mathematik-Workshops an der Salahadin-Universität in Erbil, Irakisch-Kurdistan, bei dem wir die Arbeit Srinivasa Ramanujans diskutierten – eines indischen Mathematikers ohne jegliche formale Ausbildung, dessen seltsames Genie schließlich von dem englischen Kollegen G. H. Hardy erkannt wurde. Aus dieser kulturübergreifenden Zusammenarbeit entstand ein neues Gebiet der Mathematik, die additive Zahlentheorie, die einen monumentalen Beitrag zur ‚universellen Sprache des modernen Menschen' leistete.

In Kurdistan hatte mein Kollege Andam zusammen mit Freund*innen und Familienmitgliedern Außergewöhnliches

---

14 Shemot 2,22.
15 Dvarim 10,19.
16 Dvarim 26,5.
17 Jordan Peterson in: Rabbi Lord Jonathan Sacks: *Morality in the 21st Century*. Podcast, Episode 2 mit Jordan Peterson. In: *BBC*, 03.09.2018. https://www.bbc.co.uk/programmes/p06k5vn2 (Zugriff am 22.09.2022).

geleistet, um während meines gesamten Aufenthalts für meine Sicherheit und meinen Komfort zu sorgen. Von allen Menschen, denen ich begegnete – ob nun jesidisch, schiitisch, sunnitisch, jüdisch, kurdisch oder assyrisch – wurde ich herzlich willkommen geheißen, und am Schabbat kümmerte sich meine liebe Freundin Marwa gewissenhaft um meine religiösen Bedürfnisse. Die Kippa auf meinem Kopf während meines öffentlichen Vortrags war ein Beweis dafür, wie wohl und heimisch ich mich Dank meiner Gastgeber*innen fühlte, auch wenn ich so weit weg von zu Hause war. Meine Erfahrung im Irak war für mich ein Zeugnis für das ethische Potential breiter kulturübergreifender Allianzen – als Chance, das Umfeld der Sicherheit, des Schutzes und der Unterstützung auszudehnen. Es war ein Zeugnis der enormen moralischen Kraft eines sozialen Bündnisses, das auf dem 4000 Jahre alten biblischen Gebot der Fremdenliebe beruht.

In *The Dignity of Difference*[18] beschreibt Sacks ‚das Problem des Fremden' als eine der größten Herausforderungen in der Geschichte des menschlichen Miteinanders. Fremde, die nicht zum „Stamm" gehören, stehen „außerhalb des [normativen] Netzwerks der Gegenseitigkeit, das Gemeinschaften schafft und erhält".[19] Im spezifisch europäischen Kontext war das Ringen um die angemessene Integration ‚fremder' Minderheitengemeinschaften in die breitere Gesellschaft jahrhundertelang weitgehend gleichbedeutend mit der ungelösten ‚Judenfrage'. Antisemitismus markierte aus dieser Perspektive den Impuls, das ‚Fremde' zu hassen und letztlich zu eliminieren; ein Impuls, der aus der archetypischen Angst vor dem Unbekannten geboren wird, aus dem totalitären Bedürfnis, es zu eliminieren – und damit neue Möglichkeiten abzulehnen und letztlich die Erlösung zu verweigern. Seine Ethik baut

---

18 Vgl. Jonathan Sacks: *The Dignity of Difference. How to Avoid the Clash of Civilizations.* London/New York: Continuum 2002.
19 Ebd., S. 58.

auf Nietzsches „Wille zur Macht", und sein essenziellstes Ritual ist die Suche nach dem menschlichen Sündenbock – so wird die Hoffnung am Altar der Angst geopfert.

Im Kontrast dazu sind die mosaischen Bücher im Monotheismus verwurzelt – der Vorstellung, dass eine einzige Quelle des Lebens alle Lebewesen verbindet. In krassem Gegensatz zum Antisemitismus gebietet die Bibel, die Heiligkeit des Lebens hochzuhalten und insbesondere den Fremden zu lieben. Sacks bezeichnet dieses Gebot als einen einzigartigen Beitrag der mosaischen Bücher zur Geschichte des moralischen Denkens – einzigartig in seinem radikalen Ansatz gegenüber der Konfrontation mit dem Fremden. Der abrahamitische Glaube sei damit der ethische Impuls, den Fremden zu lieben und willkommen zu heißen; ein Impuls, der aus dem archetypischen Mut der Hoffnung geboren wird – und aus der spirituellen Neigung, das Unbekannte zu erkunden, sich auf neue Möglichkeiten einzulassen und schließlich die moralische Transformation anzustreben. Diese Ethik hat vieles mit Søren Kierkegaard und mit Viktor Frankls „Willen zum Sinn" gemeinsam. Das essenziellste Ritual ist hier die menschliche Reue – die Angst wird also auf dem Altar der Hoffnung geopfert.

Am Eid al-Adcha, 1433 – im Oktober 2012 – befand ich mich in Umm al-Khair, Palästina. Mitten in der Nacht hatte ich mich per Anhalter zu den südlichen Hügeln von Hebron begeben, um pünktlich zu den religiösen Feierlichkeiten am frühen Morgen zu erscheinen. Meine beduinischen Gastgeber*innen hießen mich genauso freundlich willkommen, wie es von Beduinen immer erzählt wird. Inzwischen betrachtete ich fremde religiöse Rituale als einen lobenswerten Bestandteil der interkulturellen Kommunikation und nicht als etwas, das man nach Möglichkeit vermeiden sollte. Die religiösen Unterschiede waren für mich nun nicht viel mehr als die geografischen und sprachlichen: spannende kulturelle Herausforderungen, keine echten Hindernisse für das zwischenmenschliche Miteinander. Ich wich von den politischen

Empfehlungen Soloveitchiks ab und orientierte mich stattdessen an Rabbi Menachem Froman. Froman, ein moderner zionistischer Denker, hatte als Erster erkannt, dass Soloveitchiks multikulturelles Programm heute umgekehrt werden muss: Im Gefolge des Zionismus und der Politisierung der ethnischen Identität ist der religiöse Partikularismus plötzlich der koscherste Kanal, über den man interkulturell kommunizieren kann – während die Politik gefährlich *treif* geworden ist.

Bei Sonnenaufgang sah ich in Umm al-Khair zu, wie die vorgesehene Ziege (*Qurban*) geschlachtet wurde – ein ritueller Ersatz für das Menschenopfer. „Nimm Isaak, deinen einzigen Sohn, den du lieb hast," befahl Gott Abraham, „und gehe hin in das Land Morija und opfere ihn daselbst zum Brandopfer auf einem Berge, den ich dir zeigen werde."[20] In *Not in God's Name* zitiert Sacks die Idee des Anthropologen René Girard, dass Menschenopfer ursprünglich dazu dienten, die Gewalt der Mehrheitsgesellschaft auf einen externen Sündenbock zu lenken.[21] Vor der Herausbildung komplexer Rechtssysteme wurden frühe Gesellschaften durch das Gesetz der Gegenseitigkeit regiert. Diese „Auge-um-Auge"-Ethik, die z. B. im Hammurabi-Kodex zu finden ist, war notorisch anfällig für unerbittliche Zyklen der Gewalt, da jeder Mord weitere Morde nach sich zog. Nach Girard ist das Menschenopfer in der Tat der ursprüngliche religiöse Akt, das früheste ethisch-politische Mittel, mit dem eine Gesellschaft am Rande des Zusammenbruchs versuchen konnte, Frieden wiederherzustellen und eine soziale Ordnung neu zu etablieren.[22]

In der nahöstlichen Mythologie gibt es einen allgegenwärtigen Archetypus: den edlen Anführer, der angesichts einer katastrophalen existenziellen Krise die Götter durch ein Kinderopfer

---

20 Bereshit 22,2.
21 Vgl. Sacks: *Not in God's Name*, S. 79–81, 93–94.
22 Vgl. ebd., S. 79–81, 93–94.

besänftigt. Die biblische Erzählung weicht von diesem Archetypus vor allem durch ihr dramatisches Ende ab: Der auserwählte Sohn Abrahams überlebt. So kann die *Aqeda* (die Bindung Isaaks) als Polemik gegen den archetypischen religiösen Akt des menschlichen Sündenbocks gelesen werden, der in den religiösen Kulten der Zeitgenossen Abrahams eine so herausragende Rolle spielte. In radikaler Abkehr von der akzeptierten Weisheit ihrer Zeit macht die biblische Erzählung „den künftigen Generationen klar, dass Juden das Kinderopfer verurteilen, […] weil Gott der Gott des Lebens und nicht des Todes ist"[23].

In der christlichen Tradition verkörpert die Figur Jesu den religiösen Mechanismus der Übertragung von Gewalt auf ein einzelnes Individuum als ein Mittel, um die Menschheit vor der Zerstörung zu retten. Jesus ist das ultimative Kinderopfer, und seine Kreuzigung – vorweggenommen durch die *Aqeda* – spricht symbolisch alle künftigen Generationen von der Sünde frei. Girard meint, das Christentum unterscheide sich vor allem dadurch von seinen heidnischen Vorfahren, dass es seinen göttlichen Sündenbock als unschuldig anerkennt.[24] Und doch hielt die katholische Kirche während eines Großteils ihrer Geschichte an den Überresten der archetypischen Idee eines menschlichen Sündenbocks fest – dieser Sündenbock war das jüdische Volk, vom Katholizismus als ewig verflucht gebrandmarkt und für die Ermordung Christi verantwortlich gemacht. Der Antisemitismus ist aus dieser Perspektive auch ein Überrest des Heidentums und ein großes theologisches Versäumnis der katholischen Kirche. Genau dieses suchte das Zweite Vatikanische Konzil zu korrigieren.

---

23 Jonathan Sacks: The Binding of Isaac. In: *Jonathan Sacks. The Rabbi Sacks Legacy*, o. D. www.rabbisacks.org/covenant-conversation/vayera/the-binding-of-isaac (Zugriff am 13.06.2022).

24 Vgl. Gabriel Andrade: René Girard (1923 – 2015). In: *Internet Encyclopedia of Philosophy*, o. D. https://iep.utm.edu/girard/#SH4b (Zugriff am 02.02.2023); Sacks: *Not in God's Name*, S. 79–81, 93–94.

4 GEDENKEN

Der Begriff ‚Sündenbock' (*azazel*) hat seine Wurzeln in dem großen Drama des Jom-Kippur-Gottesdienstes, bei dem der Hohepriester die Sünden des Volkes auf einen Ziegenbock (*ez*) legte, der dann in die Wüste geschickt wurde (*azal*). In der Zeit des Ersten und Zweiten Tempels diente diese Zeremonie dem religiösen Zweck der gemeinschaftlichen Sühne: Sie reinigte das Volk rituell und sprach es von seinen Sünden frei. Im Laufe der Zeit führten jedoch zunehmende religiöse Engstirnigkeit und radikales Sektierertum zu einem katastrophalen Sturm der Gewalt. Der daraus resultierende *Churban* (Zerstörung des Zweiten Tempels) stürzte das jüdische Volk in eine außergewöhnliche Krise: Plötzlich war das Ritual, das zur Wiederherstellung des sozialen Bundes notwendig war, nicht mehr vorhanden. Dank der heroischen Theologie von Rabbi Akiva[25] entdeckte das rabbinische Judentum schließlich jedoch eine neue Möglichkeit der Sühne – eine, die keinen menschlichen oder tierischen Vermittler erforderte, sondern in der biblischen Ethik der individuellen moralischen Verantwortung verwurzelt war. Was aus der Asche des Tempels hervorging, war das theologische Prinzip der *Tshuva* (Reue), das zu einem zentralen theologischen Prinzip in jeder der abrahamitischen Religionen wurde – im Christentum ist es als *metanoia* bekannt, während es im Islam als *tabwa* bezeichnet wird. Schon bald wurde die *Tshuva* zum zentralen Thema des jährlichen Jom-Kippur-Festes und vollendete damit den langwierigen religiösen Wandel weg von Girards archetypischer Theologie der Schuld hin zu einer erlösenden Theologie der Verantwortung.

Von Umm al-Khair aus fuhr ich per Anhalter zurück, lief durch die Altstadt von Jerusalem – und siehe da, neben mir ging der Großrabbiner des britischen Commonwealth, Lord Jonathan Sacks, höchstpersönlich! Meine Stimmung an diesem Tag war bereits euphorisch, und dann auch noch dieses zufällige Treffen! Stolz und aufgeregt

---

[25] Vgl. Mishna, Yoma 8,9.

erzählte ich ihm, wie schön es gewesen war, ein islamisches Fest mit so vielen verschiedenen freundlichen Menschen zu feiern. Ich war sogar so frech, ihm dafür zu danken, dass er mich zu meinem interreligiösen Weg inspiriert und mir den Mut verliehen hatte, die *Würde der Verschiedenheit* zu leben – *Dignity of Difference* war sein Begriff für das Ideal, den Unterschieden Raum zu geben, um Gemeinsamkeiten zu erkunden. Der zurückhaltend höfliche Rabbiner war von meinem unaufgeforderten Redefluss und von meinen waghalsigen Eskapaden aber nicht sonderlich begeistert: Er war ein hervorragender und scharfsinniger Kritiker der privilegierten Selbstgefälligkeit, die ich inzwischen in mir selbst und einem Großteil meiner Generation sehe. Und dann überredete ich den armen Mann auch noch, das „neue religiöse Ritual unserer Zeit", wie er es formulierte, zu begehen – wir machten ein gemeinsames Selfie.

In seinem TED-Vortrag „How We Can Face the Future without Fear, Together"[26] sagt Sacks, dass in der heutigen Zeit rasanter Veränderungen überlieferte Formen der Furcht eine große Rolle spielen. Digitale Kommunikationskanäle sind geradezu dafür optimiert, Misstrauen zu schüren, und bedienen unsere tiefsten existenziellen Ängste. Sacks schlägt ein Mittel gegen die Angst, die Einsamkeit und den verstärkten Individualismus vor: kollektives Verantwortungsgefühl für das Gemeinwohl. Das „Wir der Beziehungen" lasse sich durch Kommunikation von Angesicht zu Angesicht wiederherstellen, insbesondere mit Fremden, die anders denken als wir. Das „Wir der Identität" lasse sich wiederfinden, indem wir unsere gemeinsamen Geschichten austauschen, uns daran erinnern, dass auch wir einst Fremde in Ägypten waren. Schließlich lasse sich das „Wir der Verantwortung" wiederbeleben, indem wir uns daran erinnern, dass *We the People* (wir als Volk) gemeinsam

---

[26] Jonathan Sacks: How We Can Face the Future without Fear, Together. In: *TED*, 2017. https://www.ted.com/talks/rabbi_lord_jonathan_sacks_how_we_can_face_the_future_without_fear_together (Zugriff am 22.09.2022).

die Verantwortung für unsere kollektive Zukunft tragen und uns auf den Weg der *Tshuva* begeben. Und wenn wir unseren Sinn für eine kollektive Identität zurückgewinnen, begreifen wir: „Selbst wenn ich durch ein finsteres Tal gehen muss, wo Todesschatten mich umgeben, fürchte ich mich vor keinem Unglück, denn du bist bei mir!"[27]

Halle, Deutschland. Jom Kippur, 5780 – 9. Oktober 2019, 12:03 Uhr. Ich halte den *Koren Yom Kippur Machzor* von Rabbi Sacks in den Händen, als die Synagoge, in der ich bete, überfallen wird – ein physischer und spiritueller Angriff, der den Tod sät. Die Morde werden im Namen des Antisemitismus verübt – der alten Kunst, Juden zum ‚Fremden' und den ‚Fremden' zum Sündenbock zu machen. Der Täter ist ein Einzelgänger, der „im Keller seiner Mutter" (und im Internet) lebte und kaum hinaus ging. Eigenhändig baute er Waffen zusammen und geht völlig in der archetypischen Angst vor dem Fremden auf.

Zu Beginn des Prozesses bekommt der Täter die Chance, Reue zu zeigen. Stattdessen nutzt er die Plattform, um Anschuldigungen gegen den paradigmatischen Anderen zu erheben. Es liegt auf der Hand, dass seine Absichten meinen eigenen entgegengesetzt sind. Dennoch lasse ich mich auf eine Konfrontation ein – entschlossen, ihn zur Rechenschaft zu ziehen. Er glaubt, ‚den Juden' gut zu kennen. Der Jude, sagt er, sei für den Multikulturalismus verantwortlich, d. h. für die Aufnahme des Fremden. Ich bitte ihn, mir zu sagen, was er an mir persönlich hasse – an einem Fremden, den er noch nie getroffen hat. Später behauptet er, jüdische Lehren seien auch für den Feminismus verantwortlich – für die Schwächung des weißen Mannes, dessen Herz sie mit Mitgefühl und Empathie vergiften. Ich bitte ihn, über seine Mutter zu sprechen.

Aber die Konfrontation lässt mich niedergeschlagen zurück. Freies Diskutieren scheint angesichts einer eindeutigen und

---

[27] Tehilim 24,4.

gegenwärtigen Gefahr unmöglich, und um meinen selbstzerstörerischen Verstand für eine Zeit außer Gefecht zu setzen, trifft mein halachischer Körper aus eigener Kraft die Entscheidung: Er schaltet ab. Ich liege im Bett, und der Schmerz in meinem Nacken und Rücken erinnert mich an die strenge Warnung der amerikanischen Orthodoxie: dass bestimmte Formen des Dialogs gefährlich sein können; dass man lernen muss, Grenzen zu setzen, wenn man über Glaubensfragen spricht.

Einige Wochen später werde ich aufgefordert, als Zeuge vor Gericht auszusagen. Ich stecke nun bis zum Hals in den Schützengräben einer *Milchemet Mitzva* – eines Kampfes, den ich mir nicht ausgesucht habe. Verzweifelt beginne ich, geistige und psychologische Munition zusammenzustellen. Zum Glück habe ich mächtiges biologisches Rohmaterial: die Liebe, Mitgefühl und Empathie meiner Familie und meines Freundeskreises. Meine beste Waffe ist das schriftliche und mündliche Erbe meiner eigenen *Tora-we-Chokhma*-Erfahrungen. Meine gewählten Generäle sind drei Torah-Giganten: Von ihnen habe ich gelernt, was es bedeutet, systematisch zu denken (Rabbi Joseph Baer Soloveitchik), das Leben zu schätzen (Rabbi Menachem Froman) und ein guter Mensch zu sein (Rabbi Jonathan Sacks). Ich will eine Gegenattacke führen, einen Krieg des kollektiven Mutes – für die Hoffnung, gegen die Einsamkeit und die Angst. Gemeinsam werden wir eine Antwort erschaffen.

Zu der Zeit hält Rabbi Sacks eine Zoom-Konferenz ab, und ich wende mich an ihn auf der Suche nach Rat. Ich höre zu, wie meine Frage öffentlich vor dem digitalen Publikum vorgelesen wird. „Ich habe einen rechtsextremen Anschlag überlebt, der sich gegen Juden und Muslime richtete", steht dort.

Bald soll ich meine Aussage vor Gericht machen; dort kann ich mit dem Täter direkt sprechen, wenn ich möchte. Wie könnte ich diese Plattform nutzen, um likadesh shem shamayim *(Gottes Namen zu*

> *heiligen) und die Werte der Torah in der europäischen Gesellschaft zu verbreiten? Welche religiöse Botschaft von Jom Kippur ist wohl für unsere Gesellschaft am wichtigsten?*[28]

Ich hatte gehofft, dass der Rabbiner meinen Mut lobt – er schien aber viel mehr meinen Schmerz mitzuleiden. Das erschreckte mich, denn ich selbst hatte noch nicht ganz erkannt, wie gebrochen ich war. Ich fühlte mich plötzlich peinlich berührt, weil ich befürchtete, mein Leid ginge dem Rabbiner zu nahe. Es sah so aus, als täte es ihm physisch weh, zu erfahren, was mir passiert war. Ich sammelte mich, so gut es ging. Gleich würde ich seine Antwort hören.

Das Wichtigste, sagte er, sei es, „die Wahrheit meiner Geschichte zu erzählen". Ich solle über meine Erfahrungen berichten und darüber, wie sich die Ereignisse auf mich ausgewirkt haben. Ich solle von Herzen sprechen. Leider habe die feige Tat, jüdische Menschen ausgerechnet am Versöhnungstag anzugreifen, eine lange und furchtbare Geschichte. Wenn ich aber die Kraft besäße, neben dem Persönlichen noch etwas Allgemeines zu sagen, riet er mir, folgendes mitzuteilen:

> *Ich lasse mich nicht einschüchtern. Mein Volk war lange vor deinem Volk da – und hier sind wir immer noch. Der Schlüssel zu unserem Überleben liegt darin, dass wir die Unantastbarkeit des Lebens heilig halten. Wenn du die Heiligkeit des Lebens nicht anerkennst, gibt es für dich keinen Platz in der Gesellschaft.*
> *Für den Antisemiten, der den Fremden hasst; für den Antisemiten, der der Falschheit opfert; für dich, der du dich freiwillig außerhalb des gesellschaftlichen Bündnisses stellst; für dich, der du das Leben*

---

[28] Jewish Review of Books: Rabbi Sacks's Powerful Advice to Halle Synagogue Shooting Survivor. In: *YouTube*, 10.09.2020. https://www.youtube.com/watch?v=xe0DN1NC_j0 (Zugriff am 02.02.2023).

*entweihst; für dich, den Antisemiten, gibt es keinen Platz in der Gesellschaft.*²⁹

Allein in meinem Zimmer lausche ich den Worten des Rabbiners. Mein Mikrofon ist stummgeschaltet, meine Kamera aus, und doch fühlt sich diese Erfahrung schmerzhaft öffentlich an. Als ich das Mitgefühl des Rabbiners sehe, bricht mein geschwächter Körper in Tränen aus. Später frage ich mich, ob mich Rabbi Sacks' Reaktion so mitnahm, weil ich unterbewusst bereits ahnte, dass er bald von uns gehen würde.

In der Woche darauf stand ich vor der Vorsitzenden Richterin und den anderen Anwesenden im Gerichtssaal, um über meine Erlebnisse an Jom Kippur zu berichten.³⁰ Ich nahm Notizen zu Hilfe, die ich mir unmittelbar nach den Ereignissen gemacht hatte – so will ich „die Wahrheit meiner Geschichte erzählen". Der Gottesdienst an Jom Kippur – *Shacharit*, gefolgt von der Tora-Lesung, *Mussaf*, und schließlich *Neïlah* – diente mir als Orientierung, als zeitlicher Rahmen für meine Erlebnisse. Er half mir auch, die religiös-emotionale Atmosphäre zu vermitteln, die meine Erfahrungen an diesem Tag geprägt hatte.

Ich beschrieb, wie an Jom Kippur in der Synagoge den ganzen Tag über unaufhörlich dafür gebetet wird, vor dem himmlischen Gericht in das Buch des Lebens eingeschrieben zu werden. Ich glaube, unsere Frömmigkeit zu dieser schlimmen Zeit spiegelte unsere Hingabe an die Quelle des Lebens. Sie spiegelte die Treue unseres Volkes zu dem sozialen Bund, in dem Überleben mit moralischer Verbesserung und menschlicher Reue einhergeht. Sie spiegelte unser Engagement für Liebe und Wahrheit. *Die Liebe zum*

---

29 Ebd.
30 Vgl. Ezra Waxman: Weitermachen im Gebet. In: Esther Dischereit (Hrsg.): *Hab keine Angst, erzähl alles! Das Attentat von Halle und die Stimmen der Überlebenden*. Freiburg i. Brsg.: Herder 2021, S. 74–90.

Leben und Wahrheit im Gebet – diese religiöse Ethik formt das Fundament unserer zeitlosen Existenz.

Auf die Frage nach dem Nachhall des Ereignisses erwähne ich meine *Savta* (Großmutter), Helen Podolak z"l, deren jüdischer Name – *Chaya* – auf Hebräisch ‚Leben' bedeutet. Sie wurde 5684 in Biała Podlaska geboren und schied an Jom Kippur 5782 von uns. Die bemerkenswerte Langlebigkeit meiner *Savta Chayale* entstammte ihrer moralischen Sensibilität, ihrem *sekhel* (Weisheit), ihrer unendlichen Wertschätzung für Gesundheit und Leben. Im Gerichtssaal singe ich ihr Lieblingslied, „*Zol zayn mit glik, lekhayim!*" – auf das Glück, auf das Leben! –, ein Zeugnis ihrer tiefen Dankbarkeit und religiösen Ehrfurcht vor dem Leben selbst. Nach dem, was mir an Jom Kippur passiert ist, fasse ich den Entschluss, dem Beispiel meiner *Savta* zu folgen und meine eigene Wertschätzung für das Geschenk des Lebens zu stärken.

Wenige Wochen später, am 20. Marcheschwan 5781 – dem 7. November 2020 – ging Rabbi Sacks von uns. An einem Wendepunkt im amerikanischen politischen Geschehen verließ dieser Meister der Ethik die Weltbühne. Die Nachrichten blieben auf die turbulente Politik fixiert; Rabbi Sacks nahm in Bescheidenheit und Würde Abschied von der Welt. Als *Yerusha* (Erbe) hinterließ er seine ethischen Lehren, heute in Form von Büchern, Artikeln, Interviews, TED-Talks, Podcasts und mehr verfügbar. Seine Botschaften sind gut artikuliert und klar kommuniziert, und zwar über eine Vielzahl von Kanälen. Nun ist es an seinen *Talmidim* (Schüler*innen), sich die Zukunft zu denken – nicht umsonst heißt eins seiner Bücher *Future Tense*.[31] Nun müssen wir allein herausfinden, wie man *der Zukunft gemeinsam und ohne Angst begegnet*.

Aus dem Englischen von Alexandra Berlina

---

31 Vgl. Sacks: *Future Tense*.

5 — ה

(NEUE) ALLIANZEN

5 (NEUE) ALLIANZEN

„ICH HABE MEINE KRAFT DURCH EUCH GESAMMELT."[1]

Solidarität und Allianzen nach Halle

NAOMI HENKEL-GUEMBEL / RACHEL SPICKER

22. AUGUST 2020. HANAU Naomi erinnert sich: Der Halle-Prozess befand sich gerade in der Verhandlungspause, das Prozessende war zu diesem Zeitpunkt noch nicht absehbar – es standen noch Zeug*innenaussagen und Einschätzungen von Expert*innen aus. Diese Pause – sie diente nicht nur zum Verschnaufen und Kräftesammeln, sondern ermöglichte auch die Begegnung zwischen jenen, die die Wucht rechter Gewalt an der eigenen Existenz zu spüren bekamen. Kassel, Halle, Hanau, jene drei unscheinbaren Orte waren auf einmal durch das Ausmaß rechter Gewalt miteinander verbunden, das sie in weniger als einem Jahr symptomatisch werden ließ für die Kontinuität rechter Gewalt und rechten Terrors in Deutschland. Das Bedürfnis nach einem Austausch war zu spüren; und das bereits nach dem Anschlag, den wir erlebt hatten. Jedoch wussten wir häufig nicht, wie wir in Kontakt treten sollten. Dann folgte die Einladung zu einem Panel an Betroffene des Anschlags von Halle und die Initiative 19. Februar

---

1 Vgl. İsmet Tekin auf der Abschlusskundgebung zur Urteilsverkündung im Halle-Prozess am 21.12.2020 in: Initiative 9. Oktober Halle: Solidarität mit den Betroffenen – Keine Bühne dem Täter. Urteilsverkündung im Halle-Prozess. In: *YouTube*, 21.12.2020. https://www.youtube.com/watch?v=4InBLVGwQ6A (Zugriff am 02.09.2021).

Hanau. Damit war der erste Schritt getan. Das gegenseitige Verständnis, das Gespräch mit Menschen, die Ähnliches erfahren hatten – im Laufe der Veranstaltung wuchs das Gefühl von Solidarität und Verbundenheit. Es folgte die Einladung an Betroffene des Anschlags von Halle zur Gedenkdemonstration in Hanau am 22. August 2020. Der Anschlag in Hanau lag genau sechs Monate und drei Tage zurück. Dieser Augusttag, an dem die Demonstration stattfinden sollte, fiel auf einen Samstag, auf einen Schabbat, welchen ich traditionell halte. Wie lässt sich das nun vereinbaren – das Sprechen vor tausenden von Menschen mit dem Einhalten des Schabbats nach der Halacha, nach dem jüdischen Gesetz? Es löste zunächst ein Unbehagen in mir aus: Ich wollte diesen Menschen doch beistehen und mit ihnen, Seite an Seite, geschlossen ein Zeichen setzen. Doch gleichzeitig sehe ich mich dem jüdischen Gesetz gegenüber verpflichtet, wonach ich an einem Samstag kein Mikrofon und auch keine sonstigen elektronischen Geräte nutzen werde. Das Aufeinandertreffen zweier Wertvorstellungen rief in mir ein großes Dilemma hervor. Es kostete mich einiges an Überwindung, diese Verwundbarkeit zuzulassen, sie zu äußern und auf Verständnis zu hoffen. Diese Hoffnung wurde mit viel Empathie erwidert: Seitens der Initiative 19. Februar Hanau wurde klar vermittelt, dass das kein Problem sei und wir zusammen nach einer möglichen Lösung suchen würden. Es blieb nicht nur bei dem Verständnis für meine Schabbat-Observanz, nein, die Initiative 19. Februar Hanau schlug außerdem von sich aus vor, koscheres Essen zu organisieren. Ohne Zweifel ist die Diversität, wie Jüdinnen*Juden es mit Schabbat und koscherem Essen halten, groß. Jedoch haben diese Offenheit und Empathie eine Last, eine Schwere von meinen Schultern genommen. Ich konnte ankommen. Ich war angekommen und fühlte mich zuhause bei Menschen, denen ich wahrscheinlich so nie begegnet wäre. Die Gedenkdemonstration, zu der mehrere tausend Menschen aus ganz Deutschland kommen sollten, schrumpfte von einem auf den anderen Moment pandemiebedingt auf ein paar hundert Teilnehmer*innen zusammen. Die Entscheidung der Stadt Hanau kam überraschend Freitagnacht und die Enttäuschung wog dementsprechend schwer. Wir standen am nächsten Tag zusammen, Seite an Seite, Arm in Arm, und trotzten der Enttäuschung durch ein solidarisches Miteinander.

8. OKTOBER 2020. BERLIN Rachel erinnert sich: Ein Biergarten am Gleisdreieck in Berlin. Es war schon dunkel, hinter uns stand die selbstgebaute Sukka und der Regen tropfte uns von den Haaren auf unsere Nasen und Jacken. Es war Sukkot und die Zeit des ersten Jahrestags nach dem Anschlag. Wir waren auf dem Festival of Resilience, das Base Berlin, heute Hillel Deutschland, Überlebende des Anschlags und Unterstützer*innen als Zeit des Gedenkens, des Innehaltens, aber auch des Feierns des (Über-)Lebens und der eigenen Resilienz organisiert hatten. Nach der öffentlichen Gedenkzeremonie am 6. Oktober mit Überlebenden und Angehörigen der Ermordeten der rassistischen Anschläge von Mölln (1992) und Hanau (2020) war dieser Abend ein Moment, an dem wir den Gedanken und Gefühlen aus der eigenen Community Raum gaben. Am Rand der Bühne waren einige Überlebende über einen Laptop aus den USA, Israel und Deutschland dazu geschaltet. Manche lasen ihre Texte aus einem Storytelling-Workshop vor oder performten einen selbstgeschriebenen Song. Es war ein intimer Abend, der durch das gemeinsame Teilen und Zuhören eine unglaubliche Nähe, Kraft und Wärme verbreitete. Auch Naomi hatte einen Text geschrieben. Bevor es losging, hast du mir dein Handy in die Hand gedrückt: „Kannst du nochmal kurz drüberschauen?" Es wirkte fast schon routiniert zwischen uns. Seit einem Jahr sprachen wir über deine Reden bei Kundgebungen, deine Aussage beim Prozess oder deine Interviews. Du gingst auf die Bühne. Am Ende deines Textes hast du plötzlich innegehalten, deinen Kloß im Hals konnte ich förmlich spüren. Dann hörte ich meinen Namen, und dass du mir dankst für meine Unterstützung und unsere Freundschaft. Ich hopste zu dir auf die Bühne und wir umarmten uns und weinten zusammen für einige Minuten. Es war nur ein kurzer Moment, der einen Einblick in unsere Verbindung gab.

9. DEZEMBER 2020. MAGDEBURG Wir beide erinnern uns: Es war mittags, draußen war es grau und kalt. Vor dem Gerichtsgebäude stand das kleine blaue Soli-Zelt und es hingen ein paar Banner, auf denen Solidaritätsbekundungen mit den Nebenkläger*innen und Betroffenen des Halle-Anschlags zu lesen waren. Im Gerichtssaal selbst stand die Anspannung. Wie dicke, schwüle Luft füllte sie zwischen Neonlicht, dem Geruch von Desinfektionsmittel, Plexiglasscheiben und Teppichboden den Raum. Gerade hatte die Verteidigung des Angeklagten ihr Abschlussplädoyer gehalten und der Attentäter erhielt das Schlusswort. Es war ein anstrengender Prozesstag, darauf waren wir vorbereitet. Gleichzeitig wussten wir, dass wir jedes Mal, wenn wir dachten, das Schlimmste in diesem Saal hätte sich schon ereignet oder wäre vorbei, eines Besseren belehrt wurden. Wieder einmal gab er seine antisemitische und rassistische Propaganda von sich und leugnete, wie bereits zuvor geschehen, die Shoah. Die Verhandlung wurde unterbrochen, nachdem einige Nebenklagevertreter*innen die Protokollierung dieser Straftat beantragt hatten. Dem Antrag der Nebenklage wurde stattgegeben, die Richterin erteilte dem Attentäter wieder das Wort, der dann verzichtete. Damit war der Verhandlungstag plötzlich zu Ende. Langsam standen wir auf, da kam İsmet Tekin auf uns beide zu. Er lächelte unter seiner FFP2-Maske, breitete seine Arme aus und umarmte uns fest: „Es ist vorbei, wir haben es geschafft." Er realisierte, was uns in diesem Moment noch nicht bewusst war. Es war der allerletzte Verhandlungstag. Nun folgte nur noch das Urteil.

5 (NEUE) ALLIANZEN

Es sind diese Szenen, die für uns sinnbildlich Allianzen beschreiben und verkörpern, aber auch davon erzählen, welche Voraussetzungen für jene Allianzen notwendig sind, wie sie nach dem 9. Oktober 2019 entstanden sind, warum wir sie brauchen und welche Hoffnungen wir damit für die Zukunft verbinden.

DAS BEDÜRFNIS NACH ALLIANZEN Um uns dem Begriff und den Bedeutungen von Allianzen weiter anzunähern, wollen wir einen Blick darauf werfen, warum und wie diese Verbindungen entstanden sind. Dabei lässt sich die Frage nach dem Warum und Wie aus verschiedenen Perspektiven beantworten. In Bezug auf den Anschlag selbst haben wir schnell feststellen müssen, dass wir mit Widersprüchen in der öffentlichen Thematisierung und juristischen Aufarbeitung konfrontiert waren. Im öffentlichen Diskurs wurde der Anschlag auf ein Ereignis reduziert: auf den Angriff auf die Synagoge und die sich darin befindenden 52 bzw. 51 Personen.[2] Der Tod von Jana L. und Kevin S. wurde weniger thematisiert und auch die anderen Tatorte wie der Kiez-Döner, die Magdeburger Straße, das Einfamilienhaus und die Kfz-Werkstatt in Wiedersdorf und somit Überlebende wie İsmet und Rıfat Tekin, Conrad R., Dr. Bernd H., Wolfgang B., Aftax I., Dagmar M., Jens Z., Kai H., Christian und Daniel W. fanden keine Berücksichtigung. Weitere Betroffene, auf die der Attentäter während des Anschlags zielte, wie Mandy R., Stanislaw G., Malek B. und Abdülkadir B. sowie Margit W., die durch die Nagelbombe am Kiez-Döner verletzt wurde, blieben unbenannt. Stattdessen gab es eine Fokussierung auf den Attentäter, seinen Namen, den Livestream und anhaltende Reproduktionen seiner antisemitischen, rassistischen, misogynen und antifeministischen (Bild-)Sprache. Gleichzeitig

---

2 Zum Zeitpunkt des Anschlags befanden sich 51 Menschen innerhalb der Synagoge. Eine weitere Person hatte die Synagoge nur wenige Augenblicke zuvor für einen Spaziergang verlassen.

mussten wir feststellen, dass die anfängliche juristische Aufarbeitung eine Bagatellisierung dessen bedeutete, was den Jüdinnen*Juden in der Hallenser Synagoge an diesem Tag widerfahren war. Zu Beginn wurde der Angriff auf die Synagoge durch die Generalbundesanwaltschaft als „Sachbeschädigung" gewertet und nicht als versuchte Morde. Zusätzlich wurde Überlebenden wie İsmet Tekin die Zulassung als Nebenkläger*innen in dem aufkommenden Gerichtsverfahren zunächst verwehrt. Diese Fehleinschätzungen und öffentlichen Dethematisierungen von Erfahrungen führten zu einem Gefühl der Ohnmacht: einerseits in dem eigenen Erlebten nicht gehört zu werden und andererseits in dem Erlebten nicht ernst genommen zu werden. Daraus entstand der Wunsch, dem etwas entgegenzusetzen. Es wurde klar, dass wir uns kennenlernen, uns gegenseitig zuhören und unterstützen wollten, um gemeinsam die öffentlichen Narrative dieses Anschlags zu verändern, auf die fehlenden Perspektiven aufmerksam zu machen und uns gegenseitig Kraft zu geben. Die Arbeit, die einige Monate nach dem Anschlag ihren Anfang nahm, durch beispielsweise die gemeinsame Erklärung einiger Nebenkläger*innen zum Auftakt des Prozesses am 21. Juli 2020,[3] oder die Solidaritätsaktion der Jüdischen Studierendenunion (JSUD) für die Renovierung und Umgestaltung des damaligen Kiez-Döner hin zum TEKIEZ, welche die Nebenklägerin Christina Feist angestoßen hatte,[4] findet heute unter anderem ihren Ausdruck in der Vernetzungsarbeit unter Betroffenen rechter

---

3 Gemeinsame Erklärung von Nebenkläger*innen im Prozess gegen den Attentäter von Halle. In: *Halle Prozess Report*, 20.07.2020. https://www.halle-prozess-report. de/2020/07/20/20-07-2020-gemeinsame-erklaerung-der-nebenklaegerinnen-im-prozess-gegen-den-attentaeter-von-halle/ (Zugriff am 02.09.2021).

4 Jüdische Studierendenunion Deutschland sammelt Spenden nach dem rechtsextremen Anschlag von Halle. In: *Jüdische Studierendenunion*, 21.09.2020. https://www.jsud.de/beitrag/judische-studierendenunion-deutschland-sammelt-spenden-nach-dem-rechtsextremen-anschlag-in-halle (Zugriff am 02.09.2021).

5 (NEUE) ALLIANZEN

Gewalt. In der eigenen Auseinandersetzung mit dem Anschlag wurden uns die historischen und gegenwärtigen Kontinuitäten rassistischer, antisemitischer und rechter Gewalt sowie rechten Terrors in der BRD und auf dem Gebiet der ehemaligen DDR noch deutlicher und schmerzhafter vor Augen geführt. Wie tief dies in den deutschen gesamtgesellschaftlichen Diskurs eingebrannt ist, zeigte Paige H., Aktivistin und Überlebende des Anschlags in ihrer Rede anlässlich des Festivals of Resilience 2022, als sie den Anschlag in einen gesamtdeutschen Kontext stellte:

> *Am Tag des Anschlags in Halle spielten Antisemitismus, Rassismus, anti-islamische Gefühle und Fremdenfeindlichkeit eine Rolle. Sie spielen immer noch eine Rolle in der Gesellschaft. Aber sie spielen diese Rolle schon seit ewig. Neu sind sie allerdings nicht. Was ich noch nicht erwähnt habe, ist die Rolle von Fremdenfeindlichkeit, worüber die deutsche Presse immer so gerne redet. Ich hasse diesen Begriff. Fremd sind wir nicht. Egal ob Juden, Muslime, Sinti-Roma, wir sind seit Jahren – wenn nicht Jahrhunderten – in Deutschland gewesen. Wir befinden uns gerade in Kreuzberg, einem Bezirk von Berlin, der wegen des hohen Anteils von Deutschen mit türkischem Hintergrund bekannt wurde. Die Menschen, die hier wohnen, sind ein Teil von dieser Stadt und von diesem Land. Ihre Vorfahren haben Deutschland in der Nachkriegszeit wieder erbaut. Fremd sind nicht die Leute, die hier, unter allen, wohnen, arbeiten, studieren und lieben. Wir sind ein Teil der Gesellschaft. Wir sind nicht fremd.*[5]

Dies verdeutlicht, wie essenziell es ist, den Anschlag von Halle und Wiedersdorf – und auch den darauffolgenden

---

5 Paige H.: Von Bavel bis Berlin. Rede gehalten am 06.10.2022 bei der Ceremony of Resilience, Teil des Festival of Resilience. https://www.hilleldeutschland.org/festival-of-resilience (Zugriff am 27.12.2022).

Gerichtsprozess – im Kontext der gesellschaftspolitischen und sozialen Entwicklungen der letzten Jahre zu betrachten, in Deutschland wie auch international. Mit der Bundestagswahl 2017 schritt die Normalisierung extrem rechter Ideologien zunehmend voran. Die antisemitische, rassistische und antifeministische Verschwörungserzählung vom ‚Großen Austausch'[6] wurde zu einem der beliebtesten extrem rechten Narrative. Meldestellen und Opferberatungsstellen wie RIAS, OFEK und der VBRG verzeichneten für die Bundesrepublik steigende antisemitische und rassistische Gewalttaten. Die Anschläge von München 2016, Pittsburgh und Toronto 2018, Christchurch, Poway, El Paso und Bærum 2019 sowie der Mord an Walter Lübcke 2019 zeigten eine neue Eskalation der Gewalt und des Terrors. Bei vielen dieser Anschläge wurde die Verknüpfung von Antisemitismus, Rassismus, Antifeminismus und Misogynie deutlich, einige Attentäter nahmen Bezug aufeinander und inspirierten sich gegenseitig. Vier Monate nach Halle, am 19. Februar 2020, wurden Ferhat Unvar, Hamza Kurtović, Said Nesar Hashemi, Vili Viorel Păun, Mercedes Kierpacz, Kaloyan Velkov, Fatih Saraçoğlu, Sedat Gürbüz und Gökhan Gültekin brutal in Hanau ermordet. Die Nachricht von ihrem Tod und der Umgang der Behörden mit den Angehörigen und Überlebenden fühlte sich wie ein weiterer Schlag ins Gesicht an und ließ uns ohnmächtig, desillusioniert und wütend zurück. Erneute Anschläge, wie am 14. Mai 2022 in Buffalo, New

---

6 Die Verschwörungserzählung vom ‚Großen Austausch' beschreibt die wahnhafte Vorstellung eines sogenannten Bevölkerungsaustauschs, also der Überzeugung, dass eine *weiß*-christliche Mehrheitsgesellschaft vermeintlich durch die Einwanderung nicht-*weißer*, muslimischer Menschen ersetzt werde. Als eigentliche Verschwörung wird dahinter vermutet, dass dieser Austausch angeblich von einer vermeintlich jüdischen Elite gesteuert werde. Diese habe wiederum den Feminismus erfunden, um Frauen zu beeinflussen und das Ideal einer heteronormativen Kleinfamilie zu zerstören, was letztendlich zu niedrigeren Geburtenraten führen würde. Antisemitismus, Rassismus, Antifeminismus und Misogynie sind in dieser Verschwörungserzählung eng miteinander verknüpft.

York, bei dem sich der Täter auf den Halle-Attentäter bezog, reißen die Wunden der eigenen Erfahrungen erneut auf. Das Bedürfnis nach Allianzen entwickelte sich auch aus dem Gefühl heraus, mit dieser Erfahrung in der jüdischen Community allein zu sein. Viele haben antisemitische Erfahrungen gemacht, zusätzlich gibt es emotionales und kognitives Wissen um die Auswirkungen transgenerationaler Traumata von Angriffen, Verfolgung und Vernichtung. Auch wir als Teil der dritten Generation spüren sie noch heute. Aber das Ausmaß eines Anschlags, die damit verbundenen Emotionen und Folgen, das ist etwas, was sich der konkreten Vorstellungskraft der Menschen entzogen hat. Einige mieden Überlebende und Betroffene oder fingen an – häufig mit gut gemeinter Intention –, Dinge für sie zu entscheiden, ohne mit ihnen Rücksprache darüber zu halten. Andere traten auf die Überlebenden zu und fingen an, darüber zu berichten, welche Traumata diese Tat und der darauffolgende Gerichtsprozess bei ihnen auslöste. Auch von nicht-jüdischen Bekannten und Freund*innen kamen beunruhigende Reaktionen. Es ist das, was Anastassia Pletoukhina in ihrem Abschlussplädoyer im Gerichtsverfahren gegen den Attentäter so treffend beschrieben hat:

Doch am meisten verstörend fand ich den Versuch vieler meiner Bekannten, so zu tun, als ob der Anschlag sich nicht ereignet hätte oder er nicht etwas war, was Menschen mit echtem Leben, echten Plänen für die Zukunft betroffen hätte. Als ob er nicht Personen betroffen hätte, die sie persönlich kennen. Irgendwann wurde mir klar, dass es die Angst ist, die diese Menschen stumm macht. Angst zu fühlen, Angst zu fragen, Angst zu hinterfragen: sich, die eigene Familiengeschichte, die Gesellschaft und das berühmte „Nie wieder".[7]

---

7 Anastassia Pletoukhina: Schlusswort im Gerichtsverfahren gegen den Attentäter von Halle vor dem Oberlandesgericht Naumburg in Magdeburg, 08.12.2020. In:

Es war die Angst, Überforderung und Sprachlosigkeit der Anderen, die diese Gefühle der Einsamkeit auslösten und das Bedürfnis nach Allianzen verstärkten, das Bedürfnis, sich mit Menschen auszutauschen, die auf die eigene Erfahrung und die Folgen des Erlebten Bezug nehmen konnten. Halle 2019, Hamburg 2020, Hagen 2021, Hannover 2022[8] – in allen Städten wurden entweder antisemitische Anschläge geplant bzw. durchgeführt oder es kam zu Gewalttaten während Jom Kippur und Sukkot. Auch deshalb wird heute, drei Jahre nach dem Anschlag von Halle und Wiedersdorf, vermehrt über Antisemitismus und Rassismus gesprochen. Das Interesse an dem Wohlbefinden der Überlebenden und Betroffenen und den Folgen, mit denen sie zu kämpfen haben, sowie welche Unterstützung sie heute noch benötigen und wie sie selbstbestimmt erinnern und gedenken möchten, nimmt jedoch Jahr für Jahr ab. Es gerät in den Hintergrund. Auch deshalb wandte sich die Überlebende Mollie Sharfman anlässlich des dritten Jahrestags mit folgenden Worten an die Öffentlichkeit:

> *Gedenken ist wichtig, weil sich die Welt mit fortschreitender Zeit neuen Ereignissen zuwendet. Aber die Betroffenen erinnern sich, weil es für uns täglich Konsequenzen gibt. Jeden Tag kämpfen wir mit den spirituellen, mentalen, finanziellen und körperlichen Folgen. Im ersten Jahr nach dem Anschlag habe ich versucht, in mein Leben zurückzukehren, bevor mein Gefühl der Sicherheit völlig zerstört wurde. Nach fast drei Jahren ist mir klar, dass es nicht möglich ist, zurückzukehren. Mit den Folgen der Gewalttaten eines anderen zu leben, ist meine neue Realität. Wir brauchen Gedenken, damit es ein Bewusstsein und Aufklärung*

VBRG, 18.12.2020. https://verband-brg.de/dokumentation-der-schlussworte-im-halle-prozess-hoert-den-ueberlebenden-zu/ (Zugriff am 02.09.2021).

8 Dass es sich bei dem Vorfall in der Jüdischen Gemeinde Hannover an Jom Kippur 2022 laut vorläufigem Polizeibericht um eine Taube handelte, die die Fensterscheibe in der Gemeinde zu Bruch gehen ließ, überzeugt uns bis heute nicht.

5 (NEUE) ALLIANZEN

darüber gibt, was passiert ist, damit wir die Folgen und die Last gemeinsam tragen können.[9]

SOLIDARITÄT ALS AUSGLEICHENDE GERECHTIGKEIT In den letzten drei Jahren hatten wir nur wenig Zeit, uns tiefer dazu auszutauschen, was Solidarität und Allianzen für uns bedeuten, denn die praktische Umsetzung dessen hatte für uns Priorität. Während der Entstehung dieses Textes fragten wir einander, was Solidarität und Allianzen für uns aus einem jüdischen Selbstverständnis heraus bedeuten. Sich selbst mit Liebe und Respekt zu begegnen, um anderen mit Respekt und Liebe begegnen zu können, einander zuzuhören und sich gegenseitig zu unterstützen, Diversität und Unterschiedlichkeit anzuerkennen und wertzuschätzen, Diskriminierung und Gewalt zu benennen und zu bekämpfen, uns für eine bessere und gerechtere Gesellschaft einzusetzen, soziale Gerechtigkeit voranzubringen, die Welt zu einem besseren Ort für alle zu machen. All diese Vorstellungen finden sich in ethischen Grundsätzen des Judentums wieder, die – der Tradition nach – Gültigkeit für alle Menschen haben. Dieser Vorstellung nach obliegt es einer jeden Gesellschaft, faire Gerichte zu konstituieren, so steht es im Babylonischen Talmud, Sanhedrin 56a. Darin spiegelt sich die realistische Überzeugung wider, dass wir nicht alleine die Gerechtigkeit in der Welt etablieren können, sondern dass dies ein kollektives Bemühen über die Grenzen der jüdischen Community hinaus sein muss. Auch deshalb sind wir dazu angehalten ואהבתם את הגר (*we-ahavtem et ha-ger*),[10] den* die Fremde*n zu lieben, wie auch ואהבת לרעך כמוך (*we-ahavta*

---

9 Mollie Sharfman anlässlich des 3. Jahrestags im Rahmen der Kampagne „Halle nach dem Anschlag vom 9. Oktober 2019 – Zitate von Überlebenden und Betroffenen". Ein gemeinsames Projekt von Halle gegen rechts in Kooperation mit der Mobilen Opferberatung Sachsen-Anhalt und der Soligruppe 09.10. https://www.instagram.com/tekiez_cafe/?hl=de (Zugriff am 27.12.2022).
10 Dvarim 10,19.

le-re'acha kamocha),[11] den*die Nächste*n zu lieben, wie uns selbst. Auch wenn es sich klischeehaft anhören mag, ist dies ein Ausdruck, durch gemeinsame Verantwortung auf eine bessere und gerechtere Gesellschaft hinzuarbeiten. Diese ethischen Prinzipien des Judentums können wir erst in Gänze verstehen, wenn wir danach handeln, erst dann kommt ihnen Bedeutung zu. Auch deshalb heißt es im Tanach צדק צדק תרדוף (*tzedek tzedek tirdof*),[12] dass wir nach Gerechtigkeit streben bzw. sie wortwörtlich verfolgen oder ihr nachjagen sollen. Während *Tzedaka* häufig mit „Wohltätigkeit" übersetzt und eher mit Spenden in Verbindung gebracht wird, verstehen wir sie zusätzlich im Sinne der Tradition der Wohlfahrtspflege als „ausgleichende Gerechtigkeit", als eine Art Werkzeug, um Gerechtigkeit in der Welt umzusetzen. Dem sephardischen Philosophen und Rechtsgelehrten Rabbi Moshe ben Maimon, auch bekannt als Rambam, zufolge gibt es eine Hierarchie der *Tzedaka*, die ihre höchste Stufe darin findet, Benachteiligte zu stärken und zur Selbstermächtigung zu verhelfen. Dahingehend könnten wir das Verständnis von *Tzedaka* um eine kontemporäre Auffassung erweitern, nämlich: sie als Ausdruck unseres persönlichen Handelns zu verstehen, welche das Ziel hat, die Stimmen derer zu stärken, die in der Gesellschaft weniger Gehör finden, und die Perspektiven eben jener sichtbarer zu machen, wie auch gemeinsam Forderungen und potenzielle Lösungen zu erarbeiten. Solidarität ist eine Art Grundhaltung, um Allianzen zu ermöglichen, und Allianzen sind ein Werkzeug, um *Tzedaka* zu üben und Gerechtigkeit zu erreichen. Wir müssen gemeinsam handeln, um langfristige und nachhaltige Veränderungen ermöglichen zu können.

---

11 Wayikra 19,18.
12 Dvarim 16,20.

5 (NEUE) ALLIANZEN

SICH IN DEN GESCHICHTEN DER ANDEREN VERORTEN In Bezug auf die Verarbeitung des Anschlags von Halle und Wiedersdorf bedeutet Solidarität für uns, sich gegenseitig zuzuhören, die Anliegen der jeweils anderen zu unterstützen, das Eintreten füreinander, das Zusammenhalten. Der Begriff Allianz bedeutet für uns, ein Bündnis einzugehen, in dem gemeinsame Erfahrungen und Erlebnisse die Grundlage für die gegenseitige Unterstützung und die Ausgestaltung gemeinsamer Forderungen bilden. Dabei ist Solidarität eine konkrete Haltung und Handlung zu einem bestimmten Zeitpunkt, Allianzen sind vielmehr eine Ausgestaltung und Weiterführung von Solidarität, sie sind eine Entwicklung und ein Prozess, der nicht als linear zu verstehen ist. Voraussetzung für diesen Prozess ist, dass die Beteiligten sich gleichwertig, auf Augenhöhe und mit Empathie begegnen und einander Zeit geben. Konkret bedeutet das Bilden von Allianzen, den Perspektiven der anderen Betroffenen zuzuhören, sich in ihre Geschichten und ihre Lebensrealitäten einzufühlen, in ihre historischen Kämpfe, wie Hannah Peaceman es treffend beschreibt:

Es muss darum gehen, sich in den Geschichten und Kämpfen der Anderen zu verorten und die eigene Geschichte für die Geschichten anderer zu öffnen.[13]

Das bedeutet, sich für die gegenseitigen Narrative zu sensibilisieren, den Schmerz zu teilen und die Folgen gemeinsam zu verarbeiten. Es bedeutet aber auch, aus dem Erlebten stärker hervorzugehen, (gemeinsam) Resilienzen zu entwickeln und aus der Opferposition herauszukommen. Aus dem gegenseitigen

---

13 Hannah Peaceman: Verbindungswege zwischen jüdischen und migrantischen Kämpfen. Überlegungen zum 8./9. Mai und seiner Aneignung. In: Harpreet Kaur Cholia/Christin Jänicke (Hrsg.): *Unentbehrlich. Solidarität mit Betroffenen rechter, rassistischer und antisemitischer Gewalt*. Münster: edition assemblage 2021, S. 114–123, hier S. 120.

Zuhören, Sensibilisieren und Reflektieren kann so eine gemeinsame Haltung entstehen, können Forderungen und Ziele entwickelt werden. Dem Begriff wohnt eine gewisse Stärke inne, denn er symbolisiert einen Plot Twist – eine Wendung des Geschehenen: marginalisierte Gruppen wurden ideologisch zu ‚Feindbildern' stilisiert, Menschen stellvertretend für diese Gruppen angegriffen und zu Opfern gemacht. Und diese Menschen stärken sich gegenseitig, holen ihre Handlungsmacht zurück und bilden eine Allianz.

„Wir sind die Hauptzeug*innen des Geschehenen, […] wir sind die Expert*innen und keine Statist*innen."[14] Diesen Satz prägte der Überlebende der rassistischen Brandanschläge von Mölln (1992) İbrahim Arslan. Allianzen sind notwendig, um gemeinsam die Narrative der Mehrheitsgesellschaft umzudrehen und ihnen zu widersprechen, um die Perspektiven von Betroffenen und Überlebenden in den Fokus der Aufarbeitung und der Erinnerung zu rücken. Sie sind notwendig, um Öffentlichkeit herzustellen und den Forderungen nach Aufklärung und Gerechtigkeit Nachdruck zu verleihen, wie es die Familien der vom NSU Ermordeten Halit Yozgat und Mehmet Kubaşık schon bei ihrer Demonstration in Kassel 2006 gezeigt haben. Ohne ihr Engagement zur Aufarbeitung des NSU-Komplexes und das vieler Überlebender, Betroffener und Angehöriger wären die aktive Nebenklage im Halle-Prozess und die heutigen Allianzen, z. B. zwischen Mölln, Halle, Hanau, Berlin, München, Dortmund, Köln, Duisburg, Hamburg und vielen weiteren, nicht möglich gewesen. Mittlerweile gibt es ein bundesweites Betroffenen- und Solidaritätsnetzwerk, in dem wir uns gemeinsam mit anderen Überlebenden, Angehörigen von Todesopfern sowie Betroffenen

---

14 Newroz Duman/İbrahim Arslan: Von Mölln bis Hanau. Erinnern heißt verändern. In: *Heinrich Böll Stiftung*, 19.02.2021. https://www.boell.de/de/2021/02/19/von-moelln-bis-nach-hanau-erinnern-heisst-veraendern (Zugriff am 02.09.2021).

5 (NEUE) ALLIANZEN

und Unterstützer*innen regelmäßig austauschen und Forderungen erarbeiten. Allianzen zeigen uns auf, welche Strukturen problematisch sind, aber auch, welche Veränderungen es über die Zeit gegeben hat. Allianzen sind notwendig, um die öffentliche Debatte der Aufklärung, des Gedenkens und Erinnerns mitzugestalten. Wir brauchen Allianzen, um uns den ‚Divide and Conquer'-Strategien entgegenzustellen, wenn z. B. bei antisemitischen Vorfällen Rassismus reproduziert wird. Und wir brauchen Allianzen, damit der staatlichen Gedenk- und Erinnerungspolitik, die häufig von Instrumentalisierung der Betroffenen und politischem Agendasetting geprägt ist, etwas entgegenstellen zu können. Auch deshalb ist es wichtig, Teil der Gedenkveranstaltungen anderer Überlebender, Betroffener und Angehöriger zu sein. An ihrem Gedenken teilzuhaben, bedeutet, ihren Perspektiven zuzuhören, die eigene Geschichte den anderen zugänglich zu machen, Gemeinsamkeiten und Unterschiede zu verstehen und voneinander zu lernen und gegenseitig Kraft zu schöpfen. Wir setzen uns auf diese Weise für eine Gedenk- und Erinnerungskultur ein, die sich an den Wünschen und Bedürfnissen von Überlebenden und Betroffenen orientiert.

Gleichzeitig finden Bündnisse und Allianzen nicht ohne Zweifel, Ambivalenzen und Konflikte statt. Es gibt Faktoren, die Allianzen erschweren, verunmöglichen oder begrenzen. Schwierig wird es insbesondere dann, wenn Gedenken für politische Agendasetzung instrumentalisiert wird, wie es beispielsweise aus unserer Perspektive um das Gedenken des ersten und zweiten Jahrestags von Hanau in einigen deutschen Städten stattgefunden hat. Dort sind Gruppen aufgetreten, die ihre Perspektiven auf den israelisch-palästinensischen Konflikt ins Zentrum des Gedenkens gestellt und dabei antisemitische Narrative verbreitet haben, anstatt ein würdiges Gedenken an die Ermordeten und die Forderungen der Überlebenden und Familien in den Fokus zu stellen. Auch erleben wir immer wieder, dass Gruppen und Einzelpersonen (Gedenk-)Veranstaltungen zum Anschlag von Halle und Wiedersdorf mit Überlebenden und Betroffenen organisieren wollen, die jedoch selbst eigene Antisemitismen und die ihrer Mitstreiter*innen unbenannt und unaufgearbeitet lassen. Zusätzlich machen wir die Erfahrung, dass mehrheitlich *weiße* Menschen, die sich als links verstehen und politisch aktiv sind, ein hohes Maß an Dankbarkeit von uns für ihr Engagement einfordern, ihre Bedürfnisse dabei in den Vordergrund stellen und von uns erwarten, dass wir diesen in unserer Arbeit einen zentralen Platz einräumen. Die Kontinuität der deutschen Schuldabwehr im Gedenken an den Anschlag zeigt sich hier mehr als deutlich. Die Erfahrungen Überlebender und Betroffener, ihre eigenen Forderungen und Prozesse der Allianzbildung dürfen nicht zum Spielball anderer werden.

הינבו **– HINENU – WIR SIND HIER** Zurück zu den Szenen, die wir zu Beginn dieses Textes beschrieben haben. Die Demonstration in Hanau zeigt die Anfänge, sich in die Lebenswelten der jeweils anderen behutsam einzufinden, über Gemeinsamkeiten Verbindungen aufzubauen, aber gleichzeitig für Zweifel, Unsicherheiten und Unterschiede offen zu sein. Die Szene auf dem Festival of Resilience steht für uns sinnbildlich für innerjüdische Verbundenheit. Sie ist Voraussetzung dafür, gemeinsam der Stereotypisierung und Vereindeutigung jüdischer Lebensrealitäten durch die Mehrheitsgesellschaft entgegenzuwirken, besonders in Bezug auf die Vorstellung von Jüdinnen*Juden als Opfer. Sie ist wichtig, um einen Ort zu finden, um über das Erlebte zu sprechen und zuzuhören, einen Raum zu haben, um über die Viktimisierung durch andere, aber auch über die eigene Widerständigkeit und Resilienz zu sprechen und um der Sprachlosigkeit und den Projektionen von jüdischen und nicht-jüdischen Menschen zu entkommen. Es sind das Vertrauen und die Verbundenheit unserer Freundschaft, das gegenseitige Verorten in den jüdischen

5 (NEUE) ALLIANZEN

Identitäten der jeweils anderen, die uns die Kraft und den Rückhalt geben, aus der jüdischen Community heraus diese Allianzen aufzubauen und einzugehen. İsmets Umarmung am letzten Verhandlungstag verkörpert die Erleichterung und Dankbarkeit, dass wir diese anstrengende Zeit des Gerichtsprozesses gemeinsam bewältigen konnten. Gleichzeitig ist es die Rückversicherung, dass wir darauf bauen können, auch in Zukunft solidarisch für unsere Forderungen einzutreten und uns gegenseitig dabei unterstützen werden. Denn wie wir im Gespräch mit unserer Freundin und Überlebenden Talya Feldman festgestellt haben: הינֵנוּ (hinenu), wir sind hier, und wir werden weiterhin hier sein, Verantwortung übernehmen und füreinander einstehen. Was wir mitnehmen von der Solidarität und den Allianzen, ist ein Gefühl der Stärkung und Bestärkung. Das hat İsmet nach der Urteilsverkündung am 21. Dezember 2020 auf der Kundgebung vor dem Gerichtsgebäude so schön formuliert: „Ich danke euch allen, dass ihr mir Kraft gegeben habt. Ich habe meine Kraft durch euch gesammelt."[15]

---

[15] İsmet Tekin auf der Abschlusskundgebung zur Urteilsverkündung im Halle-Prozess am 21.12.2020 in: Initiative 9. Oktober Halle: Solidarität mit den Betroffenen – Keine Bühne dem Täter.

MOMENTE EINER GESELLSCHAFT DER VIELEN STATT BÜNDNISSE UND ALLIANZEN

MASSIMO PERINELLI

Die Frage nach gelungener Solidarität beantwortet sich in den konkreten Kämpfen derjenigen, die von Rassismus und Antisemitismus betroffen sind und sich jenseits strategischer Allianzenpolitik dagegen wehren. In ihrer Antwort liegt die Hoffnung auf einen Paradigmenwechsel in den antirassistischen Kämpfen, weg von partikularen Interessens- und Anerkennungspolitiken und hin zu einer offensiven Gestaltung einer universalistischen gerechten Gesellschaft, die ihren Ausgang in der radikalen Differenz ihrer Mitglieder nimmt. Denn die Erfahrungen der letzten Jahre haben gezeigt, dass eine Politik breiter Diversity-Bündnisse oder Allianzen immer wieder in die Falle neuer Schließungen tappt, auch wenn sie unterschiedlichen Positionen eine gleichberechtigte Vertretung gewähren möchte. Demgegenüber benötigt und schafft die postmigrantische Gesellschaft der Vielen Orte der Begegnung, an denen die Teilnehmenden um ihre Positionen streiten und sich verändern können. Ihre Kraft liegt in der Fülle von Gesprächen, Veranstaltungen und unzähligen informellen Treffen, die Räume eröffnen und organisierend, aber nicht homogenisierend wirken. Grundsätzlich bedeutet dies, dass Solidarität nur zwischen Verschiedenen möglich ist, d. h. in der wechselseitigen Anerkennung der eigenen Verwiesenheit auf den „Raum des Anderen" als Ort gesellschaftlicher

5 (NEUE) ALLIANZEN

Transformation.¹ Die Straße, auf der sich versammelt wird, Platzbesetzungen, erkämpfte Gedenkorte, nicht-identitäre Treffpunkte wie Shisha-Bars, die Eroberung von Bühnen und Podien und natürlich das nicht regulierbare Treiben der Jugendlichen in Parks, das der Polizei gegenwärtig solch ein Dorn im Auge ist, sind solche Orte.

<u>MULTIDIREKTIONALES ERINNERN</u> Als im November 2017 Ibrahim Arslan und, vertreten durch ihren Sohn Joram, Esther Bejarano sel. A. im Rahmen der „Möllner Rede im Exil"² ihre biografischen Erinnerungen teilten – beide erzählten, wie sie als Kinder ihre Familie durch die Gewalt von Nazis verloren und wie sie selbst diese Gewalt knapp überlebt hatten –, ging es nicht darum, den Holocaust, also die staatlich organisierte und industriell durchgeführte Vernichtung von Juden und Jüdinnen im Nationalsozialismus, mit der Welle rassistischer Gewalt im Zuge der deutschen Vereinigung in den frühen 1990er Jahren zu vergleichen oder zu parallelisieren. Vielmehr erzählten beide Überlebenden sich ihre Geschichte gegenseitig und teilten sie mit der Öffentlichkeit, um ihren Kampf gegen Rassismus, Antisemitismus und Faschismus zu stärken. Diese Methode könnte mit dem Literaturwissenschaftler Michael Rothberg als „multidirektionale Erinnerung" bezeichnet werden.³ Sie versucht, den Raum der Solidarität im Bewusstsein der radikalen Differenz pluraler Gesellschaften zu erweitern und damit

---

1 Vgl. Mia Neuhaus: Im Raum des Anderen. Elemente einer Ethik der Solidarität. In: Bernd Heimerl (Hrsg.): *Unerhörte Stimmen. Psychoanalytische Erkundungen zu gesellschaftlichen Phänomenen*. Gießen: Psychosozial-Verlag 2021, S. 153–177.
2 Gedenken Mölln 1992: *Möllner Rede im Exil*. Hebbel am Ufer, Berlin, 2017. Rede von Ibrahim Arslan, einzusehen unter: https://www.youtube.com/watch?v=QtmmNsA3tN0. Rede von Esther Bejarano, gehalten von Joram Bejarano, einzusehen unter: https://www.youtube.com/watch?v=327KbOJ4gkU (Zugriffe am 02.08.2021).
3 Michael Rothberg: *Multidirektionale Erinnerung. Holocaustgedenken im Zeitalter der Dekolonisierung*, aus d. Engl. v. Max Henninger. Berlin: Metropol 2020.

dem Problem der Opfer-Konkurrenz einerseits und der Bedingung, eine gesellschaftliche Position teilen zu müssen, um miteinander solidarisch sein zu können, d. h. einer defensiven Identitätspolitik andererseits zu entkommen.

Im Jahr 2021 setzte sich diese Praxis bei der „Möllner Rede im Exil" fort.[4] Nachdem bereits beim „Gedenken Mölln" im November 2020 vor dem Haus in der Mühlengasse – dem Tatort des Brandanschlags von 1992 – Familienangehörige der Mordopfer aus Hanau, ein Vertreter der Initiative in Gedenken an Oury Jalloh, eine Überlebende des Anschlags auf die Synagoge in Halle an Jom Kippur 2019 und Angehörige der Familie Arslan nacheinander und damit auch gemeinsam gesprochen hatten, traten im April 2021 nun Newroz Duman und Naomi Henkel-Gümbel auf die Bühne von Kampnagel in Hamburg und sprachen aus ihren spezifischen Kontexten gemeinsam gegen Rassismus, Antisemitismus und Menschenfeindlichkeit. Newroz Duman berichtete von ihrer Erfahrung als Kind auf der Flucht nach Deutschland, von dem Leben in Lagern, den Abschiebungen von geliebten Menschen, dem alltäglichen Rassismus und schließlich vom Anschlag in Hanau und der unermüdlichen Arbeit, sich mit den Angehörigen und Freund*innen der Ermordeten zu organisieren, gegenseitig zu stärken und eine Öffentlichkeit herzustellen. Naomi Henkel-Gümbel wiederum berichtete von ihren Erlebnissen in der Synagoge in Halle während des terroristischen Anschlags, von der Herausforderung, damit sowohl subjektiv als auch erinnerungspolitisch umzugehen und dabei auch gegen Antisemitismus einzustehen. Gerahmt wurde ihr Auftritt von Reden von Angehörigen der Familien Arslan und Yilmaz, die den ermordeten Verwandten, aber auch weiterer Opfer – etwa jenen des NSU – gedachten. Zur Einführung wurde

---

4   Gedenken Mölln 1992: *Möllner Rede im Exil.* Kampnagel, Hamburg, 2021, einzusehen unter: https://www.youtube.com/watch?v=390G_oOPFpk&t=1s (Zugriff am 02.08.2021).

ein Gedicht der Poetin Semra Ertan vorgelesen, die sich 1982 aus Protest gegen Rassismus in Hamburg auf offener Straße selbst verbrannt hatte.

POSTMIGRANTISCHER PERSPEKTIVWECHSEL Über die Gewalterfahrung der Shoah, des Rassismus in der Gastarbeiter-Ära, der sogenannten Baseballschlägerjahre, der Polizeigewalt gegen Geflüchtete, des Nazi-Terrorismus der 2000er Jahre und der Anschläge von Halle und Hanau in einem Atemzug zu sprechen, ist weder selbstverständlich noch unproblematisch. Zu sehr werden die Opfer dieser Gewalt durch unterschiedliche staatliche Ressourcenverteilung und mediale Wahrnehmungsökonomien ganz konkret gegeneinander in Konkurrenz gesetzt. Auch sind die ideologischen Begründungszusammenhänge der Täter*innen, d. h. die strukturelle Verfasstheit sowie die Dimensionen dieser Gewalt, oft sehr unterschiedlich. Aber trotz dieser Unterschiede und Widersprüche gehen die Betroffenen dieser Gewalt gestärkt aus ihrem gemeinsam geschaffenen „öffentlichen Aufstand der Trauer"[5] und des Erinnerns hervor.

Diese Haltung ist Ausdruck einer erst seit dem Mauerfall stattfindenden lautstarken Aneignung der Gesellschaft aus einer nicht-identitären jüdischen, migrantischen und nicht-weißen Perspektive, die in den letzten Jahren als postmigrantischer Gesellschaftsentwurf theoretisiert wurde, der weit über die sowohl migrantischen Bürgerrechtsbewegungen als auch die diasporischen Identitätsbewegungen früherer Perioden hinausweist. Der Begriff „postmigrantisch" verweist dabei auf drei Aspekte der hiesigen Einwanderungsgesellschaft. Zunächst darauf, wie sich mit fortschreitender Zeit – also nach längst erfolgter Migration – Sprache,

---

5 Der Begriff ist Judith Butlers Dankesrede anlässlich der Adorno-Preis-Verleihung in Frankfurt am Main am 11.09.2012 entlehnt, in der sie über die weltweiten Versammlungen der „Unbetrauerbaren" sprach.

Arbeit und Wahrnehmung von Eingewanderten und Alteingesessenen verändert und wie sich Institutionen, Diskurse und Einstellungen dadurch gewandelt haben. Zweitens, wie hinter dem allgegenwärtigen Thema „Migration" eigentlich ganz andere Machtformen verhandelt werden, etwa soziale Ungleichheit oder Geschlechterverhältnisse. Drittens soll der Begriff ermöglichen, Prozesse des Fremdmachens sichtbar werden zu lassen und neue Formen der Inklusion jenseits der Trennlinie von migrantisch und nicht-migrantisch zu denken, d. h., ein Bewusstsein darüber zu schaffen, dass wir alle die sogenannten Anderen sind und wir es gleichzeitig schon lange nicht mehr sind.[6] Hannah Peaceman weist zu Recht auf die Leerstellen in den aktuellen postmigrantischen Erinnerungspolitiken hin, bei denen auf der einen Seite allzu häufig die jüdische Position ignoriert und auf der anderen Seite das postmigrantische Potential für eine jüdische Perspektive übersehen wird.[7] Zu stark ist nicht nur die Angst, die eigene Erfahrung in beliebiger Erweiterung zu relativieren, sondern auch die Befürchtung, das eigene Anliegen über die Anliegen der anderen zu verlieren. Der Perspektivwechsel von der identitätspolitischen Frage „Was haben wir miteinander gemeinsam?" zu der Frage „Wo wollen wir miteinander hin?" scheint schwierig zu bewerkstelligen.

Wie Sabrina Slipchenko, eine weitere Überlebende des Anschlags auf die Menschen in der Synagoge in Halle 2019, auf einer Veranstaltung 2020 betonte, liegt der reale Gehalt der wahnhaften

---

6 Vgl. Naika Foroutan: Migration als Chiffre. In: Günter Piening: *Die Macht der Migration. Zehn Gespräche zu Mobilität und Kapitalismus*, hrsg. v. Massimo Perinelli. Münster: Unrast 2018, S. 19–29, hier S. 20.

7 Vgl. Hannah Peaceman im Interview in: Felix Axster/Mathias Berek: Zwischen Postnazismus und Post-Migration. Jüdische Perspektiven auf die Wende- und Nachwendezeit. Gespräche mit Max Czollek, Dmitrij Kapitelman, David Kowalski und Hannah Peaceman. In: Lydia Lierke/Massimo Perinelli (Hrsg.): *Erinnern stören. Der Mauerfall aus migrantischer und jüdischer Perspektive*. Berlin: Verbrecher 2020, S. 31–66, hier S. 47–48.

5 (NEUE) ALLIANZEN

Verschwörungstheorien der Täter von Halle und Hanau darin, dass die unterschiedlichen muslimischen, jüdischen, migrantischen, feministischen und linken Strömungen und Akteur*innen tatsächlich eine Bedrohung für die Vorherrschaft weißer heteronormativer rassistischer Männer darstellen, weil sie eine neue Vorstellung von Gesellschaft repräsentieren und zunehmend auch gemeinsam formulieren. Leider, wie die Referentin sarkastisch hinzufügte, funktioniere ein gemeinsames Vorgehen dieser Gruppen in der Fantasie der Nazis reibungsloser als in den konkreten Versuchen der vielen solidarischen Initiativen, ihre jeweiligen Erfahrungen der Exklusion miteinander zu verschränken und gemeinsam die Öffnung der Gesellschaft voranzutreiben.[8]

DAS LETZTE VERSPRECHEN – GESCHWISTERLICHKEIT Vor diesem Hintergrund lohnt es sich, den Begriff der Solidarität von dem der Allianzen abzugrenzen und ihn gegen an Bedeutung gewinnende, identitätspolitische Konzepte zu verteidigen, die nicht nur von rechts, sondern auch im Feld des Antirassismus um sich greifen und die in Teilen schon hegemonial geworden sind. Allianzen bezeichnen vielfach den Versuch, distinkte Gruppen als strategische Verbündete gegen Diskriminierungsstrukturen zusammenzubringen. Bedingung dieser Zusammenführung ist indes, spezifische Personen als Gleiche zu identifizieren und zu gruppieren und diese Gruppen vielfach entlang jener Kategorien voneinander abzugrenzen, die die Diskriminierungsstrukturen ihren Objekten mit Gewalt aufgezwungen haben – biologistische Zuschreibungen, als authentisch oder ursprünglich bezeichnete Kultureigenschaften oder in Körper vererbtes überhistorisches Wissen von Diskriminierung

---

8 Sabrina Slipchenko auf der Diskussionsveranstaltung „Von Minneapolis bis Hanau – antirassistische Kämpfe verbinden" der Rosa-Luxemburg-Stiftung. Berlin, 25.06.2020. In: *Rosalux*, 25.06.2020. https://www.rosalux.de/dokumentation/id/42581/von-minneapolis-bis-hanau-antirassistische-kaempfe-verbinden (Zugriff am 02.08.2021).

und Ausbeutung. Das spiegelt sich auch in den aus dem US-Kontext übernommenen Begriffen des Ally und der Allyship wider, bei denen sich „Weiße" als Supporter*innen oder Verbündete in bloß unterstützender Weise dem Kampf der als anders fremd- wie selbstmarkierten Subjekte anschließen können und sollen.

Der Begriff der postmigrantischen Solidarität steht dagegen für Uneindeutigkeit, Widersprüchlichkeit und Vermischung und damit gegen die Vorstellung von Konsens oder Reinheit; eine postkoloniale Kreolisierung, die als politische Strategie auch „Desintegration" genannt werden könnte, wie Max Czollek vorschlägt.[9] Tatsächlich ließ sich in den letzten zehn Jahren auf breiter Ebene eine Rückkehr des Begriffs der Solidarität beobachten, selbst wenn er als Schlagwort klassischer Soli-Bewegungen zunächst etwas angestaubt daherkam. Mit dem Sommer der Migration 2015 und der betroffenenzentrierten Arbeit nach rassistischen Angriffen verschob sich die Akteur*innenschaft innerhalb des Antirassismus in Richtung migrantisch situiertem Wissen. So erzeugten etwa die weithin sichtbaren Proteste von Geflüchteten aus den (Bürger-) Kriegsgebieten der MENA-Region, die auf ihrem „March of Hope" vielfältige Erfahrungen des demokratischen Aufbruchs aus der „Arabischen Rebellion" nach Europa brachten, eine bis heute beispiellose Solidarität in weiten Teilen der deutschen Gesellschaft. Im Niederreißen der Stacheldrahtzäune nationaler Grenzregime forderten sie in ihrer Präsenz lautstark einen Platz in der Welt und damit die Erfüllung des dritten und bisher unerfüllten Versprechens der französischen Revolution ein, nämlich jenes auf Geschwisterlichkeit, die sich in solidarischen Beziehungsweisen ausgestaltet. Dieses universalistische Versprechen hatte im späten 17. Jahrhundert in den Aufständen der Versklavten in den Kolonien seinen Ausgang genommen und mündete in die Idee der Aufklärung, die sich seither in den Kämpfen der Migration transportiert.

---

9 Vgl. Max Czollek: *Desintegriert euch*. München: Hanser 2018.

5 (NEUE) ALLIANZEN

In einer historisch nie dagewesenen Dimension organisierten Millionen von Alteingesessenen daraufhin vielfältige Formen eines postmigrantischen Kommunitarismus, dessen Grundlage die Ideen von Teilhabe, Vielheit, Empathie und Gerechtigkeit bildeten. Dies führte auch zu einer Repolitisierung der in die Jahre gekommenen Strukturen migrantischer Communities und Verbände. Migration wurde damit ab 2015 zum angesagten Begriff demokratisierender Transformation sans phrase.

Zeitgleich organisierten sich Familien und Angehörige der Opfer des NSU und anderer – älterer wie jüngerer – rassistischer Anschläge gemeinsam mit zahllosen Initiativen, Künstler*innen und anderen engagierten Einzelpersonen und erkämpften nicht nur eine große Aufmerksamkeit für die erlittene Gewalt und das erfahrene Unrecht, sondern sie hinterfragten auf radikale Weise den strukturellen Rassismus und Antisemitismus von Behörden, Medien und Politik. Sie taten das nicht als Allys, sondern aus einer geteilten Perspektive darauf, was ein gutes Leben auf der Grundlage migrantisch situierten Wissens bedeuten müsste.

Beide Bewegungsmomente sorgten für eine Perspektiv- bzw. Diskursverschiebung, die den Praktiken der Solidarität neue Bedeutung gaben und die sich etwa in den *NSU-Tribunalen*[10] oder den großen *Welcome United*-Paraden realisierten, auf denen Geflüchtete, Betroffene rassistischer und antisemitischer Gewalt, Initiativen und Antifas eine gemeinsame Haltung entwickelten und auch gemeinsam auf die Straße gingen. Statt paternalistischer Hilfe, jovialer Stellvertreterpolitik oder arroganter Supporter-Demut bildeten sich aus den multidirektionalen Perspektiven konkrete Momente einer Gesellschaft der Vielen aus, die sich ganz grundsätzlich die Frage vornahm, wie wir zusammenleben wollen. Im Aufbruch der Solidaritätsarbeit der letzten Jahre ging es nicht um

---

10 Vgl. Aktionsbündnis „NSU-Komplex auflösen" (Hrsg.): *Tribunale: NSU-Komplex auflösen*. Berlin: Assoziation A 2021.

die Suche nach Schnittmengen oder Ähnlichkeiten, sondern um die Lust auf etwas gemeinsames Neues.

Nirgendwo zeigt sich das vielleicht deutlicher als bei den Angehörigen und Freund*innen der Mordopfer von Hanau, die nicht aus einer Position der Anderen sagten: „Wir gehören auch zu Hanau", sondern die selbstverständlich klarmachten: „Hanau, das sind wir!" Das ist politisch und lebensweltlich die Realisierung von dem, was auszusprechen vor wenigen Jahren noch undenkbar war: Die Gesellschaft ist postmigrantisch, es gibt gar nichts anderes als das. Diese Haltung bedeutet nicht weniger als einen radikalen Paradigmenwechsel gegenüber der identitätszentrierten Frage danach, wer wir sind und wer in positiv oder negativ konnotierter Abgrenzung dazu die Anderen sind, also diejenigen, denen wir helfen wollen oder die wir fürchten müssen.

DIFFERENZEN PRODUZIEREN – DAS GEMEINSAME KONSTITUIEREN

Schon vor 20 Jahren schrieb Kanak Attak, es gehe gerade nicht darum, das „Gemeinsame in der Differenz" zu suchen, sondern um die „Produktion von Differenzen", die nicht mit Identifikation oder Ähnlichkeit gleichgesetzt werden kann. Es sei die „[...] Schaffung neuer Arrangements von Differenzen, die allein die Konstitution des Gemeinsamen erlauben. Das Gemeinsame, die [post-migrantische] Commune, ist nicht das Ende der Differenz, es ist ihre Produktion."[11] Eine so verstandene Politik der Vielen beruht nicht auf dem Konzept einer alliierten Gegenmacht bestehend aus – zu Buchstabenreihen verketteten – Identitätskategorien und ihren ihnen stets fremdbleibenden Unterstützer*innen. Vielmehr besteht der Paradigmenwechsel gerade darin, dass sie sich der hegemonialen Einteilung in ‚autochthon' und ‚fremd', ‚normal' und

---

11 Judith Revel: Devenir-femme der Politik. In: Thomas Atzert/Jost Müller (Hrsg.): *Immaterielle Arbeit und imperiale Souveränität*. Münster: Westfälisches Dampfboot 2004, S. 255–262.

5 (NEUE) ALLIANZEN

‚unnormal' entzieht. In ihrem Zentrum steht darum die Erfindung einer gemeinsamen Praxis, die nicht auf Integration und Verständnis abzielt, sondern auf Strategien des Widersetzens, einem Kampf für das Recht auf Rechte und einer neuen Vorstellung davon, was Gesellschaft ist und wer zu ihr gehört.[12] Sie ist nur multidirektional zu erringen, in einem Verständnis von „situiertem Universalismus"[13] für eine solidarische Gesellschaft der Vielen – eine unsaubere, widersprüchliche und schwierige Angelegenheit.

---

12 Efthimia Panagiotidis/Ulaş Şener: Marx' Gespenster in der Debatte um die „Autonomie der Migration". In: *analyse & kritik* 487 (17.09.2004), S. 34.
13 Vgl. Nora Sternfeld: Situierter Universalismus. Warum der Partikularismus der Befreiung und der Universalismus, in den sie sich befreit, keine Gegensätze sind. In: Julian Werner (Hrsg.): *After Europe. Beiträge zur kolonialen Kritik*. Berlin: Verbrecher 2021, S. 67–78.

ה

„AVENGERS, ASSEMBLE!"

Allianz zwischen Ambivalenz und Aushandlung

FREDEREK MUSALL

Für Nabila und Derviş

I.

> *That's my secret, Captain. I'm always angry.*
> (Bruce Banner aka Hulk in *The Avengers*, 2012)

Mittlerweile sollte es auch die Letzte verstanden haben: Allianzen, Bündnisse und Koalitionen scheinen gegenwärtig das ganz große Ding zu sein! Kein Wunder also, dass sich derzeit überall ein gewisser Kollaboralaktivismushype breit macht, Allianzen für dies und gegen das gegründet werden. Keine Ahnung, wer diesen Trend letzten Endes ausgelöst hat, aber ich behaupte mal, dass an dieser Entwicklung die *Jalta*-Bande eine gewisse Mitschuld trägt. Schließlich hat sie vor einigen Jahren einen diesseits und jenseits der Bubble rezipierten Band zu dem Thema herausgebracht, frei nach der Parole: #neueallianzenbrauchtdasland ...

Die haben das Land und die Bubble auch bitter nötig, und vermutlich sollte ich mich dementsprechend darüber freuen, schließlich bin ich auch selbst an diversen Allianzen, Bündnissen und Koalitionen beteiligt. Dennoch – oder vielleicht gerade deswegen – frage ich mich des Öfteren, ab wann das Ganze anfängt, beliebig zu werden. Trägt die wachsende Zahl von Allianzen am Ende nicht auch zu einer Zerfaserung bereits bestehender Allianzen bei? Wie weit bringt uns die gegenseitig eingeforderte Solidarität, wenn wir auf einmal um Kräfte, Ressourcen und Anerkennung konkurrieren? Wie positionieren wir uns, wenn aufgrund der multiplen und gleichzeitigen Zugehörigkeit zu unterschiedlichen Communities, Gruppierungen oder Bündnissen Loyalitätsfragen ins Spiel kommen?

II.

> *The city is flying and we're fighting an army of robots, and I have a bow and arrow. None of this makes sense.*
> (Clint Barton aka Hawkeye in *Avengers: Age of Ultron*, 2015)

Okay, nun mal Tacheles: Was in Halle und Hanau geschah, hat auch Teile der jüdischen und der muslimischen Communities näher zusammengebracht. Für viele von uns waren und sind beide Ereignisse eng miteinander verbunden, was sich auch in der Bildungsarbeit und dem Aktivismus unterschiedlicher jüdischer und muslimischer Initiativen widerspiegelt, welche die Erinnerung an das Geschehene wachhalten, solidarisches Handeln und gesellschaftspolitische Konsequenzen einfordern.

Lange Zeit waren jüdisch-muslimische Allianzbildungen in Deutschland keine Selbstverständlichkeit und wurden immer wieder mit Skepsis, Irritationen und Widerständen von innen und außen konfrontiert. Aber sie sind in den vergangenen Jahren selbstverständlicher, vielfältiger und vor allem sicht- und hörbarer geworden. Außerdem sind sie vielerorts zu finden und entgegen Berliner Selbstwahrnehmungen nicht nur auf die eigene Bubble beschränkt. Im Gegenteil, die öffentlichen Erwartungshaltungen und Politisierungen der Hauptstadtbühne tragen oftmals zu einer

„AVENGERS, ASSEMBLE!"

Fraktionierung jüdisch-muslimischer Allianzen bei. Doch ganz gleich, wo in dieser Republik, es hatte ganz den Anschein, als würde unser Bemühen, unser zumeist ehrenamtliches Engagement endlich Früchte tragen: Wir hatten gegenseitiges Vertrauen aufgebaut, Allianzen gebildet, gemeinsam zahlreiche und vielfältige Projekte initiiert und realisiert, ob nun in interreligiösen, interkulturellen oder zivilgesellschaftlichen Kontexten.

Aber als im Mai 2021 erneut ein militärischer Konflikt zwischen Israel und der Hamas ausbrach, schien es erstaunlich schnell vorbei zu sein mit der gegenseitig zugesicherten Empathie und Solidarität. In den sozialen Medien, in denen für Aushandlungen von Komplexitäten und Differenzierungen ohnehin kaum Zeichenplatz vorhanden ist, begegnete einer*m stattdessen viel Schwarz-Weiß, Gut-Böse, Freund-Feind – dualistische Weltbilder kommuniziert in einer visuellen *180-beats-per-minute*-Taktung, ‚*click here to like*'-Button inklusive. Oder aber es herrschte ein spürbares Schweigen, teils aus Verunsicherung, teils aus Angst, teils aus Sprachlosigkeit. Am lautesten aber schwiegen ausgerechnet diejenigen, die ansonsten allzeitbereit an allervorderster aktivistischer Front eindeutige Positionierungen und ein dementsprechend eindeutiges Handeln einfordern. Vielleicht waren auch sie sprachlos geworden, was nachvollziehbar wäre; vielleicht aber entsprang ihr Schweigen auch einem bewussten Kalkül: Denn wer begibt sich schon gerne freiwillig in das Auge des Shitstorms und riskiert den Bruch mit einem Teil seiner Fanbase, das Zerbersten der selbstgeschaffenen Follower-Blase? Wie wichtig ist einem*r am Ende virtueller Zuspruch und (Selbst-)Bestätigung?

Derweil manifestierte sich offen antisemitischer Hass auf den Straßen, Synagogen wurden attackiert, Jüd*innen wurden Opfer verbaler und physischer Gewalt. Auf der anderen Seite fanden sich aufgrund einer problematischen Medienberichterstattung, die sich in Komplexitätsreduktionen und Stereotypisierungen erging, ein Großteil der Muslim*innen, die ebenso irritiert und entsetzt über die Ereignisse hierzulande waren, plötzlich in einen Topf geworfen mit den gewaltbereiten und lärmenden Wenigen.[1] Und dann war es wieder einmal vollbracht: Wir Jüd*innen und Muslim*innen waren reduziert auf einen politischen Konflikt, der die meisten von uns emotional berührte, aber aufgrund der räumlichen Distanz nicht der unmittelbar unsrige war.

Es ist nicht so, dass diejenigen, die in jüdisch-muslimischen Gesprächskontexten aktiv waren, frei von Meinungen und Haltungen gewesen wären. Der Nahostkonflikt ist der Elefant im Raum, den niemand wirklich ignorieren kann. Und so stritten auch wir heftig miteinander, waren enttäuscht über Posts, Kommentare und Likes derjenigen, die wir als unsere Freund*innen und Bündnispartner*innen betrachteten. Aber viele von uns verband auch die Sorge davor, dass all das, wofür wir uns jahrelang eingesetzt hatten, wieder auf einen Nullpunkt zurückgeworfen werden könnte – alles auf Anfang –, nicht zuletzt, da die offiziellen Verbände sich schon sehr früh und recht eindeutig in ihren politischen Positionierungen festgelegt hatten.

Doch ist die Welt nun mal nicht Schwarz und Weiß einzuteilen, besteht auch nicht aus 50+ Grauschattierungen. Sie ist genau genommen ziemlich knallbunt, so dass eine*r manchmal ganz benommen wird im Farbentaumel und sich schwer beurteilen lässt, wie die Dinge wirklich zusammenhängen, insbesondere wenn Farben ineinanderfließen.

In unserem Komplexitätsbewusstsein, verbunden mit einer Portion aktivistischem Idealismus, der an Naivität grenzte, beschlossen wir damals, spontan ein breites Bündnis aufzustellen, welches unterschiedliche Perspektiven auf die Ereignisse in Nahost zu einer gemeinsamen Position solidarischen Handelns in Deutschland

---

1 Vgl. hierzu etwa Kersten Knipp: „Damit müssen wir uns als Muslime auseinandersetzen". In: *Deutsche Welle*, 18.05.2021. https://www.dw.com/de/damit-m%C3%BCs sen-wir-uns-als-muslime-auseinandersetzen/a-57571063 (Zugriff am 09.01.2023).

zusammenführen sollte. Wir wollten deutlich machen, dass ja auch wir nicht einer Meinung sein müssen, um gleichzeitig an den Dingen festhalten zu können und zu wollen, die uns verbinden und die uns wichtig sind.[2] Vor allem aber wollten wir dadurch aufzeigen, dass die Allianzen, die wir gebildet haben, letztlich auch in Krisenmomenten tragfähig sind.

III.

> Tony Stark: *The Avengers initiative was scrapped, I thought. And I didn't even qualify.*
> Pepper Potts: *I didn't know that either.*
> Tony Stark: *Apparently I'm volatile, self-obsessed, and don't play well with others.*
> Pepper Pots: *That I did know.*
> (*The Avengers*, 2012)

Was hält Allianzen zusammen, wenn nicht nur die Interessen, Selbstverständnisse und Narrative der jeweiligen Bündnispartner*innen auseinandergehen? Wenn ‚Multidirektionalität' nicht nur Gegenstand eines akademisch geführten Diskurses über die Un- bzw. Möglichkeiten pluraler Erinnerungskultur ist, sondern etwas, das wir diskursiv praktizieren und miteinander verhandeln müssen? Reicht es aus, sich über gemeinsame ‚Feinde' – oder, um es weniger martialisch auszudrücken, gemeinsame Herausforderungen von außen – zu definieren?

---

[2] Das Resultat war der offene Brief *Wir lassen uns nicht trennen* (20.05.2021), https://www.wirlassenunsnichttrennen.de/ (Zugriff am 09.01.2023), welchen 22 jüdische, muslimische und jüdisch-muslimische Initiativen und Organisationen unterzeichnet haben. Der Brief zog relativ breites mediales Interesse auf sich, da hier zum ersten Mal jüdisch-muslimische Bündnisarbeit in ihrer gesellschaftspolitischen Breite und Vernetzung jenseits klassischer Felder wie dem interreligiösen Dialog sichtbar wurde.

5 (NEUE) ALLIANZEN

Verfolgt man die gegenwärtigen Debatten, gewinnt man den Eindruck, dass der Begriff der ‚Allianz' oftmals als bloßes, positiv konnotiertes Antonym zu ‚Konkurrenz' verwendet wird. Soll heißen: Entweder konkurriert man um etwas oder man schließt sich zu einer Allianz zusammen. Aber ist nicht gerade das, was eine Allianz im Grunde genommen zusammenhält, eben vorrangig dieses gemeinsam erstrebte Etwas? Folglich stellt sich die Frage, was passiert, wenn man dieses Etwas schließlich erlangt hat? Besteht dann noch ein Anlass, die Allianz aufrecht- und zusammenzuhalten? Oder geht man fortan lieber wieder getrennte Wege?

Persönlich weiß ich mit diesen vereinfachenden Entweder-Oder-Optionen wenig anzufangen. Sicherlich, Allianz und Konkurrenz stehen in einem dialektischen Spannungsverhältnis zueinander, aber jede Dialektik eröffnet ein Spektrum zwischen den binären Polen. Oder vielleicht greifbarer ausgedrückt: Dialektik eröffnet ‚Zwischen-Räume', die diskursive Aushandlungen überhaupt erst ermöglichen, indem sie aufzeigen, welche Perspektiven, Positionen und Handlungsoptionen denkbar sind. Gleichzeitig machen dialektische Spannungsverhältnisse bewusst, dass sich diese nicht immer einfach auflösen lassen; und dass es deshalb um ein bewusstes Aushalten von und einen dementsprechend sensiblen Umgang mit eben diesen Spannungen gehen muss.

Darüber hinaus muss nicht jede Form von Konkurrenz zwangsläufig zu Konfrontation und Konflikt führen. Konkurrenz kann durchaus auch konstruktiv verstanden und produktiv verhandelt werden; sie kann ein Beziehungsverhältnis beleben und motivieren. Konkurrenz ermöglicht schließlich auch eine Form der Orientierung am Anderen, bietet die Möglichkeit, aus den Strategien, den Erfolgen oder Misserfolgen der Konkurrenz zu lernen. Vielleicht ist der Schlüssel für eine gelungene Allianzbildung eine Offenheit für eine sich nicht gegenseitig ausschließende Gleichzeitigkeit von Allianz und Konkurrenz.

Ebenso bedarf es keineswegs einer Konformität von Bündnispartner*innen als Voraussetzung oder Vorbedingung einer Allianzbildung. Denn aufgrund der strategischen Natur von Allianzen ist es durchaus legitim, dass die Motive, Motivationen und Interessen der Beteiligten unterschiedlich sind und bleiben. Allianz bedeutet schließlich den Zusammenschluss von unterschiedlichen Interessensparteien zwecks Erreichung eines gemeinsamen Anliegens oder Ziels. Steht zumindest so – oder so ähnlich – in Wikipedia oder jeder anderen beliebigen Enzyklopädie Ihres Vertrauens. Wir müssen folglich nicht die gleiche Sprache sprechen, die gleichen Begriffe oder Konzepte verwenden, die gleichen Überzeugungen und Gesinnungen teilen. Im Gegenteil: Ein Zuviel an Konformität und gemeinsamer Stromlinienförmigkeit schränkt eine Allianz nicht nur in der Auswahl ihrer Bündnispartner*innen ein; es verstärkt auch die Echokammern, macht uns abgestumpfter gegenüber den Sensibilitäten und Prioritäten derer, die nicht Teil unserer hermetischen Bubble sind. Dabei impliziert eine Allianz oder ein Bündnis ein Vorhandensein von Differenz. Dementsprechend sollten bestehende Differenzen zwischen Bündnispartner*innen nicht einfach beiseite gewischt oder gar aufgehoben, sondern im Hinblick auf die Formulierung gemeinsamer Anliegen und Ziele immer wieder bewusst gemacht werden. Meines Erachtens sind es eben jene Harmonie- und Homogenisierungsbestrebungen, die das eigentliche Ende von Allianzen einleiten und besiegeln. Denn wozu braucht man eigentlich das Gegenüber von Bündnispartner*innen, wenn wir Kritik keinen Raum geben, Konflikte nicht aushalten, keine Kompromisse zulassen?

Allianzen sollten es wagen, an einer gemeinsamen Streitkultur zu arbeiten und Räume zu schaffen, in denen auch über sogenannte *hot button issues* gesprochen werden kann. Denn diese zu ignorieren, weil momentan ja alles okay ist, warum also die Harmonie stören, kann sich am Ende als fatal für die Tragfähigkeit einer Allianz erweisen. Genau genommen gilt auch hier die Regel: Nach der Allianz ist vor der Allianz. In einer sich ständig verändernden pluralen Gesellschaft sind Anerkennungen und Privilegien weder Selbstverständlichkeiten noch lassen sie sich einfach als Status quo etablieren, sondern sie sind immer Gegenstand von Verhandlung. Dementsprechend sollten auch Allianzen sich nicht als statisch begreifen. Wir sollten uns immer wieder selbstkritisch reflektieren. Um dem inflationär zitierten Diktum Theodor W. Adornos, „ohne Angst verschieden [zu] sein"[3], zumindest annähernd gerecht werden zu können, sind wir immer wieder angehalten, uns zusammenzufinden, zu positionieren, einzubringen und einzufordern.

IV.

> *I still believe in heroes!*
> (Nick Fury im Trailer zu *The Avengers*, 2012)

Ein abschließender Gedanke, so eine Art popkulturelles Postskriptum: Wir sollten uns trauen, mehr Avengers zu wagen. Ja, genau: Die Avengers, wie in Marvel-Disney-und-Hollywoods-Kulturindustrie-frisst-uns-alle! Denn in der Versammlung der Avengers (der Einfachheit halber hier nach der Filmversion, da ich ansonsten den Text zu sehr vollnerden würde) sehe ich ein äußerst gelungenes Beispiel für Allianzenbildung, obgleich es auf den ersten Blick nicht unbedingt danach aussehen mag: Iron Man ist ein elender Klugscheißer, Captain America ein nerviger Gutmensch, Thor ohne seinen Hammer eine ziemliche Lusche, seinem Bruder Loki kann man grundsätzlich nicht trauen, Black Widow hadert mit ihren Entscheidungen, Hulk smash! Und warum Hawkeye dabei ist, weiß kein Mensch, aber auch er ist Teil des Teams. Manche Typen schleppt man halt durch, auch wenn es eigentlich keinen Sinn

---

3 Theodor W. Adorno: *Minima Moralia. Reflexionen aus dem beschädigten Leben*. Frankfurt am Main: Suhrkamp 1969, S. 131.

macht. Wer an Allianzen, Bündnissen oder Koalitionen beteiligt war oder ist, dem*der kommt diese Charakter-Typologie sicherlich nur allzu vertraut vor. Klar, auf Instagram feiern wir uns alle ständig als #bestteam ab, aber als solches fängt man selten an, der Weg dahin ist ein herausfordernder Prozess von Höhen und Tiefen, Bindungen und Brüchen, Hoffnungen und Enttäuschungen, Erfolgen und Niederlagen. Eben gemeinsamer Erfahrungen, die uns prägen und die wir miteinander teilen, die sich zu unseren gemeinsamen Geschichten zusammenfügen. Grundlegend ist also ein wirkliches Interesse an dem*der anderen, eine Offenheit und Sensibilität für seine*ihre jeweiligen Origin-Stories, Gegenwartsstandpunkte, Zukunftsängste und -hoffnungen – und gerade kein bloßes und berechnendes Bemessen, was der*die andere für die Allianz zu leisten vermag!

Vielleicht gleichen die Avengers eher einer schrecklich netten dysfunktionalen Familie als Team Awesome Force, da sie andauernd mit- und gegeneinander streiten. Aber sie können auch klar benennen, wofür sie streiten. Sie wissen um den Preis, wenn Allianzen auseinanderbrechen, gehen das Wagnis ein, neue Allianzen zu formieren. Und sie schaffen es schließlich, sich zusammenzuraufen, aller bestehenden Differenzen zum Trotz, um Thanos mit vereinten Kräften zu besiegen.

Zugegeben, Hollywood-Pathos trifft sicherlich nicht jeden Geschmack, aber mich erwischt es ab und zu, was vielleicht auch an meiner US-amerikanischen Sozialisation liegt. Aber Bilder sagen eben manchmal mehr als tausend Worte, nicht zuletzt, weil sie fluide Interpretationen erlauben. Wenn ich eines von den Avengers gelernt habe, dann dass man, um den Infinity War gewinnen zu können, nicht nur diverse Superheld*innenkräfte braucht (okay, in Hawkeyes Fall reichen auch Pfeil und Bogen), sondern eben auch unterschiedliche Persönlichkeiten. Was zeigt, dass Nick Fury mit der Zusammenstellung der Avengers-Initiative am Ende doch Weitsicht bewiesen hat, obwohl es nicht immer danach aussah. Aber

5 (NEUE) ALLIANZEN

das Vorhandensein von Gegensätzlichkeiten kann besondere kreative Frei- und Handlungsspielräume eröffnen, die vielleicht nicht immer vorherseh- oder planbar sind. Denn Diversität zu leben, besteht eben nicht aus einem bloßen Nebeneinander, sondern in der bewussten Auseinandersetzung und in einer kritischen Streitkultur, die es uns ermöglicht, multiperspektivisch auf Herausforderungen und Lösungsansätze zu blicken. Die es uns erlaubt, uns selbstkritisch zu reflektieren bezüglich der Auseinandersetzungen und Herausforderungen, die wir scheuen; bezüglich der Kompromisse, die wir fürchten. Und die es uns ermöglicht, gemeinsam eben das zu überwinden, was wir scheuen und fürchten; das, was uns bedroht.

Deswegen brauchen wir Allianzen! Gerade weil wir uns manchmal eingestehen müssen, dass wir die Welt nicht im Alleingang retten können. Auch Superman ohne Justice League nicht. Aber das ist in einem anderen Franchise-Universum.

In diesem Sinne: Avengers, assemble!

JÜDISCHE (UN-)SICHTBARKEITEN UND SOLIDARISCHE BÜNDNISSE (NACH HALLE)

HANNAH PEACEMAN

Was treibt einen dazu, gegen den Widerwillen von Institutionen und der breiten Gesellschaft für Aufklärung zu streiten? Trotz des Ganzen, auch danach noch erfahrenen Unrechts weiterzukämpfen? Es gibt viele Beweggründe. Für manche ist es die schiere Wut, die einen antreibt. Wut, dass diese Tat überhaupt passieren konnte. Dass die Angst, der Schmerz, der Verlust nicht anerkannt werden. Andere sind getrieben von einem Gefühl der Verantwortung oder sogar Schuld. Ihren Liebsten gegenüber. Verantwortung, für die Aufklärung zu sorgen und ihrer zu gedenken. Wieder anderen hilft es bei der Bewältigung des Erlebnisses, auch wenn es die Narben nicht heilen kann, hilft es ihnen, einen Umgang mit ihrem Schmerz zu finden. Für manche sind es auch alle Gründe zusammen – doch unabhängig davon, was uns genau antreibt, ob Wut, Verantwortung, Bewältigung oder alles drei. Eines haben wir gemeinsam: Wir haben uns dem nicht gebeugt. Wir sind nicht in die Unsichtbarkeit gegangen. Wir – wir sind die radikale Vielfalt an sich: Das Schöne. Das Andere. Das Sichtbare. Das Mögliche.[1]

---

1 Naomi Henkel-Gümbel/Newroz Duman: Möllner Rede im Exil. Kampnagel, 18.04.2021. In: *YouTube*, 18.04.2021. https://www.youtube.com/watch?v=39OG_oOPFpk (Zugriff am 22.12.2022). Es lohnt sich sehr, die Rede der beiden in Gänze anzuhören.

5 (NEUE) ALLIANZEN

Dieses Zitat ist der „Möllner Rede im Exil" entnommen, die Naomi Henkel-Gümbel und Newroz Duman im April 2021 gemeinsam gehalten haben. Naomi Henkel-Gümbel, angehende Rabbinerin, Überlebende des Anschlags in Halle und Nebenklägerin im Prozess gegen den Attentäter, und Newroz Duman, Aktivistin für Selbstorganisierung, Flucht, Empowerment und Antirassismus und Sprecherin der Initiative 19. Februar, stehen gemeinsam für einen Kampf um Aufklärung und Gerechtigkeit. Im Zitat wird deutlich: Sie teilen eine Haltung, gegen rechten Terror und rechte Ideologie und für eine Welt, in der alle Menschen „ohne Angst verschieden"[2] sein können. Bemerkenswert an der dialogischen Form und der gegenseitigen Bezugnahme der beiden Rednerinnen in der Rede insgesamt ist, wie es ihnen in ihrem Sprechen gelingt, persönliche Geschichten, Verlusterfahrungen, Perspektiven, Gefühle und Kämpfe empathisch mit denen anderer zu verbinden. Sie drücken einander Solidarität aus, ohne dabei Unterschiede zu verdecken: Henkel-Gümbel berichtet von ihren Erfahrungen als Jüdin in Deutschland, der Auseinandersetzung mit der Frage, ob sie in Deutschland leben kann oder nicht, den Wirkungen der Shoah auf ihre Biografie, der Unsichtbarkeit und des internalisierten Antisemitismus. Duman spricht von ihrer Angst vor einer Abschiebung, der Allgegenwärtigkeit von Rassismus. Beide Erfahrungen stehen für sich, aber gleichzeitig auch in Bezug zueinander. Beide kämpfen für eine Welt, in der Unterschiedlichkeit – oder radikale Vielfalt, wie sie es nennen – möglich ist. Diese Haltung eint sie.

Die „Möllner Rede im Exil"[3] ist in den letzten Jahren zu einem wichtigen Ort der „Solidarität, des Austausches, der Trauer, der

---

2 Theodor W. Adorno: *Minima Moralia. Reflexionen aus dem beschädigten Leben*. Frankfurt am Main: Suhrkamp 2014, S. 67.
3 Die „Möllner Rede im Exil" findet jedes Jahr mit wechselnden Redner*innen statt und wird von Angehörigen, Überlebenden und einem Freundeskreis gemeinsam mit anderen solidarischen Initiativen organisiert, um ein selbstbestimmtes Gedenken an den rassistischen Anschlag in Mölln zu ermöglichen.

Wut und der Ermutigung"[4] geworden – für eine Vielzahl von Betroffenen rechter, rassistischer und antisemitischer Gewalt sowie ihre Verbündeten. Es ist kein Zufall, dass die Überlebenden und Angehörigen der Anschläge von Halle und Hanau hier zusammenfinden. Der unermüdliche Einsatz der Familie Arslan und ihrer Mitstreiter*innen um Aufklärung, Gerechtigkeit und ein selbstbestimmtes Gedenken ist zu einem Bezugspunkt und zu einer Kraftquelle für Betroffene rechter, rassistischer und antisemitischer Gewalt geworden, wie Henkel-Gümbel und Duman eindrücklich zeigen.

Es ist jedoch keine Selbstverständlichkeit, dass Jüd*innen in antirassistischen Bündnissen sichtbar und hörbar werden. Allzu oft kommt es erst gar nicht dazu, denn Jüd*innen bleiben abwesend oder unsichtbar (sie sind anwesend, geben sich aber nicht zu erkennen), sie müssen um Anerkennung der Bedrohung durch Antisemitismus ringen. Dass viele Jüd*innen als solche auf den ersten Blick nicht erkennbar sind, wird als ‚Privileg' verstanden, Antisemitismus als Phänomen der als abgeschlossen imaginierten Vergangenheit. Andere Themen, wie der Nahostkonflikt, spalten Betroffene, bevor sie überhaupt miteinander ins Gespräch gekommen sind.[5] Und auch die Auseinandersetzung um Erinnerung an die Shoah, den Kolonialismus und die Wirkmächtigkeit des Rassismus bringen Konfliktpotential und die Gefahr von sogenannten Opferkonkurrenzen mit sich. Die meisten dieser Punkte werden

---

4 Aus der Beschreibung der Aufnahme der „Möllner Rede im Exil", in: *YouTube*, 18.04.2021. https://www.youtube.com/watch?v=390G_0OPFpk (Zugriff am 22.12.2022).

5 An Jüd*innen werden nicht nur in dominanzgesellschaftlichen Zusammenhängen Rollenerwartungen herangetragen. Je nach politischem Kontext wird eine bestimmte Haltung zum Nahostkonflikt erwartet. In der Konsequenz wird Jüd*innen nur Solidarität gewährt, wenn sie sich auf der ‚richtigen' Seite positionieren. Dies verdichtet sich insbesondere dann, wenn der Konflikt im Nahen Osten aufflammt. Jüngst zeigte sich dies im Mai 2021.

dabei selten explizit versprachlicht und noch seltener miteinander verhandelt. So sind meine Beobachtungen als Jüdin in den letzten Jahren, die sich aus genannten Gründen selbst, trotz klarer Haltung gegen Rassismus, immer nur an den Rändern von antirassistischen Bündnissen aufgehalten hat.

Für kaum jemanden in meinem jüdischen Umfeld war der Anschlag in Halle eine wirkliche Überraschung – für viele Nichtjüd*innen schon. Antisemitismus ist nicht bloß eine „Befindlichkeit" von Jüd*innen, wie es von nichtjüdischer Seite häufig heißt. Dieses Herabspielen von erlebtem Antisemitismus kann dabei auch dazu führen, die eigene Wahrnehmung von Antisemitismus herunterzuspielen oder zu hinterfragen. Auch Henkel-Gümbel beschreibt eine solche Form des internalisierten Antisemitismus; gemeint ist damit z. B., dass Betroffene an ihrer Wahrnehmung zweifeln. Nicht erst der Anschlag von Halle steht für die Gegenwärtigkeit und Realität der antisemitischen Bedrohung in Deutschland.

Nach dem antisemitischen, rassistischen und misogynen Anschlag in Halle an Jom Kippur im Jahr 2019, mit dem in aller Drastik wieder einmal deutlich wurde, dass Antisemitismus in Deutschland mörderisch ist, hat sich meinen Beobachtungen zufolge etwas im Bewusstsein von Nichtjüd*innen verändert: Nach dem Anschlag in Halle scheint die Bedrohung jüdischen Lebens in Deutschland auch für Nichtjüd*innen sichtbarer geworden zu sein. Die zunehmende Anerkennung der antisemitischen Bedrohung seitdem führt dazu, dass die lange Zeit unbemerkte Abwesenheit und Unsichtbarkeit von Jüd*innen auch in antirassistischen Bündnissen nach und nach als Leerstelle wahrgenommen wird. Das ändert noch nicht so viel daran, dass Jüd*innen dort als Jüd*innen ihren Platz nicht finden, aber immerhin wird der Antisemitismus in Aufrufen und Redebeiträgen bei Kundgebungen genannt.[6]

---

6 Vgl. Hannah Peaceman: Verbindungswege zwischen jüdischen und migrantischen Kämpfen. In: Harpreet Kaur Cholia/Christin Jänicke (Hrsg.): *Unentbehrlich*.

Einen weiteren großen Unterschied macht die öffentliche Sicht- und Hörbarkeit der Überlebenden des Anschlags von Halle, die sich mit jüdischen Stimmen verbindet, die schon längere Zeit gegen Antisemitismus und Rassismus laut sind.[7] Bereits unmittelbar nach dem Anschlag artikulierte eine Vielzahl der Betroffenen ihre Solidarität mit dem Kiez-Döner und anderen kaum beachteten Betroffenen, ihre Trauer um die Ermordeten und betonte die Notwendigkeit eines gemeinsamen Kampfes gegen Rassismus und Antisemitismus und für eine bessere Gesellschaft. Dies setzt sich seitdem fort und zeigte sich einmal mehr während des Prozesses, den ein Teil der Nebenkläger*innen politisch führte.[8] Auf Demonstrationen, in den Medien, bei verschiedenen Veranstaltungen und in Publikationen ergreifen Jüd*innen das Wort. Sie sind nicht (mehr) unsichtbar bzw. sie werden (mehr) gehört.

Kaum ein halbes Jahr nach dem Anschlag in Halle ermordete ein rechter Attentäter bei einem rassistischen Anschlag in Hanau am 19. Februar 2020 neun Menschen. Wie Duman, Sprecherin der Initiative 19. Februar betont, ist es u. a. der unermüdliche Einsatz rund um die Familie Arslan, der als wichtiger Bezugspunkt für die solidarische Arbeit mit den Überlebenden und Angehörigen dient und den Betroffenen seit dem Anschlag zur Seite steht. Auch zwischen den Überlebenden, Angehörigen und Solidarisierten von Halle und Hanau sind solche Verbindungen entstanden.

Solidarität mit Betroffenen rassistischer und antisemitischer Gewalt. Münster: edition assemblage 2021, S. 114–122.

7 Z. B. zahlreiche jüdisch-muslimische Dialogprojekte, jüdische Aktivist*innen im Kontext von *NSU-Komplex auflösen*, künstlerische Interventionen am Maxim Gorki Theater, Bildungsarbeit zur Verbindung von Antisemitismus und Rassismus u. v. m.

8 Vgl. hierzu z. B. die „Gemeinsame Erklärung von NebenklägerInnen im Prozess gegen den Attentäter von Halle", die sie am 20.07.2020 anlässlich des Prozessauftakts veröffentlichten in: *Prozess Report Halle*, 20.07.2020. https://www.halle-prozess-report.de/2020/07/20/20-07-2020-gemeinsame-erklaerung-der-nebenklaegerinnen-im-prozess-gegen-den-attentaeter-von-halle/ (Zugriff am 30.04.2021).

5 (NEUE) ALLIANZEN

So kamen sie während des Festivals of Resilience, das anlässlich des Jahrestags des Anschlags von Halle in Berlin stattfand, zusammen. Dass ein jüdischer Ort, eine Sukka, in Deutschland so politisch sein kann, so offen für alle, die jüdisch oder nichtjüdisch mit einer geteilten Haltung zusammenkommen, ist keine Selbstverständlichkeit, zeigt aber zugleich, wie stark gelebte Solidarität unter den Betroffenen ist.

Auch die „Möllner Rede im Exil" 2021 ist wieder einmal so ein Ort gewesen.

Wieder einmal, denn im Jahr 2017 war es die Auschwitzüberlebende Esther Bejarano z″l, die anlässlich des Gedenkens an den Anschlag in Mölln, gemeinsam mit Ibrahim Arslan eine Rede hielt. Bereits während des Tribunals „NSU-Komplex auflösen" hatte es eine wechselseitige Bezugnahme zwischen ihr und Ibrahim Arslan gegeben. Gemeinsam stellten sie heraus, dass eine Kontinuität zwischen dem Nationalsozialismus und der Gegenwart rechten Terrors besteht, sowie zwischen jüdischer und migrantischer Erfahrung. Sie machten deutlich, dass Empathie und Solidarität es ermöglichen, den Schmerz gemeinsam auszuhalten, aber auch für eine bessere Welt einzutreten.

Zwischen den Reden 2017 und 2021 besteht jedoch auch ein Unterschied: 2017 wurde die Kontinuität rechten Terrors durch Arslan und Bejarano herausgestellt. Ich nahm eine Leerstelle wahr, nämlich den gewaltvollen Antisemitismus, in seinen verschiedenen Wirkungen, der bis in die Gegenwart hinein existiert – und nicht bloß ein Phänomen der Vergangenheit oder eine Unterform des Rassismus ist. Henkel-Gümbel ist es in der „Möllner Rede 2021" gelungen, den Antisemitismus in der Gegenwart in seiner Spezifizität sichtbar zu machen. Sie beschreibt nicht nur den Anschlag von Halle, sondern auch die subtilen Formen von Antisemitismus, die jüdisches Leben in Deutschland prägen, sowie die Unterschiede zwischen Antisemitismus und Rassismus. Für diese Unterschiede ist in der Rede von Henkel-Gümbel und Duman Raum, ohne dass die Betroffenen von Antisemitismus und Rassismus in Konkurrenz zueinander geraten. Vielmehr zeigt sich, wie Antisemitismus und Rassismus miteinander verwoben sind und ebenso gemeinsam in ihrer Relation bekämpft werden können.

Doch es gibt nicht nur Unterschiede, sondern auch verbindende Momente zwischen den Reden 2017 und 2021. Durch den Bezug auf die Shoah und den Nationalsozialismus, die in ihren Nachwirkungen die Gegenwart prägen, besteht eine transgenerationale Verbindung zwischen den beiden „Möllner Reden im Exil". Nach Esther Bejaranos z"l Tod am 10. Juli 2021 ist die Bedeutung dieser transgenerationalen Verbindung umso größer.

Hier geht es um eine Verbindung zwischen Gegenwart und Vergangenheit – zwischen Nationalsozialismus und postnazistischem rechten Terror sowie zwischen den Kämpfen von Überlebenden der Shoah, Exilant*innen und Solidarisierten und gegenwärtigen Aktivist*innen um Gerechtigkeit und Erinnerung. Die Anerkennung dieser Verbindungen ist eine zentrale Grundlage für einen gemeinsamen Kampf um eine bessere, nicht-mehr-antisemitische und nicht-mehr-rassistische Gesellschaft. Die postmigrantische Gesellschaft in Deutschland ist immer auch eine postnationalsozialistische – also durch den Nationalsozialismus und seine Nachwirkungen geformt. Gemeinsam erinnern und kämpfen heißt, die vielfältigen Kämpfe um Aufklärung, Erinnerung und Gerechtigkeit zusammenzuführen: auf der Basis einer geteilten solidarischen Haltung, die über identitätsbezogene Gemeinsamkeiten hinausgeht.

Ich beende diesen Text mit einem selbstkritischen Gedanken, der seine zugrundeliegende Überlegung in Frage stellt. Die Forderung nach jüdischer Sichtbarkeit und Raum für jüdische Perspektiven in antirassistischen Bündnissen beruht selbst auf identitätsbezogenen Zuschreibungen und fällt in dieser Hinsicht hinter die Forderung zurück, Politik auf der Basis von Haltungen zu betreiben. Es ist das Dilemma aller emanzipatorischen

5 (NEUE) ALLIANZEN

Minderheitenbewegungen, dass sie sich als solche gegen Unterdrückungsverhältnisse wehren müssen. Das Problem ist, dass diese Kämpfe in der Gegenwart selten über Anerkennungskämpfe (um „Sprechpositionen", Posten, Sichtbarkeit etc.) hinausgehen bzw. in Anerkennungskämpfen verharren, weil sie nicht über die identitätsbezogenen (Selbst-)Zuschreibungen hinausweisen. Viel Energie wird darauf verwendet, darum zu streiten, wer für wen sprechen darf, wer wie dazugehört oder unsichtbar ist. So bleiben die Anliegen und Konflikte in der Logik der gegenwärtigen Machtverhältnisse verstrickt, weil sie um die Anerkennungen und den Platz der Mächtigen ringen, während sich an der Struktur der Machtverhältnisse, in den Institutionen und an der materiellen Verteilung kaum etwas ändert.

Die „Möllner Rede im Exil" ist in ihrer Entstehung Ergebnis einer Enttäuschung über die staatlichen Gedenkfeiern und mangelnde Anerkennung. Das Exil ist aber nicht nur eine Flucht, sondern es ist auch ein Bruch mit dem Kampf um Anerkennung durch Politiker*innen und den Staat und dadurch der Beginn von etwas Neuem. Durch diesen Bruch wird es möglich, über die (Opfer-)Konkurrenzen hinauszugehen. Daraus sind besondere persönliche, politische und historische Verbindungen entstanden, für die die Identitäten der Einzelnen kaum eine Relevanz haben.

OHNE ANGST VERSCHIEDEN

*Plakatreihe in den Informationskästen
des Rathauses von Offenbach am Main, 2021*

ANNA SCHAPIRO

Im Sommer 2021 war ich eingeladen, eine Arbeit für die Stadt Offenbach zu machen. Ich entschied mich, ins Rathaus zu gehen, dem Ort, an dem das Zusammenleben der Bürger*innen verhandelt wird.

Hanau befindet sich in unmittelbarer örtlicher Nähe zu Offenbach und seinem Rathaus. Diese Nähe nicht einzubeziehen, erschien mir unmöglich.

Für das Offenbacher Rathaus habe ich, ausgehend von Adornos *Minima Moralia*, die für mich und auch für den Arbeitszusammenhang *Jalta* zentral sind, eine Plakatreihe entwickelt. Die Plakate hängen in den Infokästen des Rathauses und füllen diese komplett aus.

Im Sinne Adornos kann die emanzipierte Gesellschaft nur dann verwirklicht werden, wenn nicht auf der Gleichheit aller Menschen beharrt wird, sondern gerade die Differenz und Unterschiedlichkeit die Grundlage des Zusammenlebens bilden.

Die Plakate sind in mehreren Sprachen gestaltet, die keine Vollständigkeit abbilden. Die Sprachen können ergänzt werden.

In diesem Sinne richtet sich die Frage auf den Plakaten nicht nur an die Bürger*innen der Stadt, sondern auch an die Stadtverwaltung Offenbachs und aller Städte der Bundesrepublik:
Was tut ihr für eure Bürger*innen, so dass sie ohne Angst verschieden leben können?

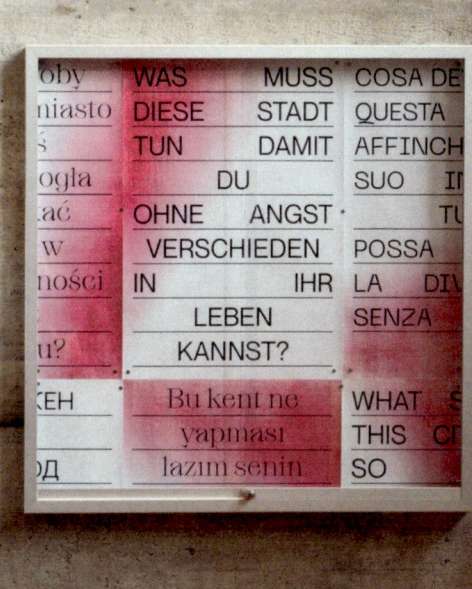

6 — ו

AUTOR*INNEN

AUTOR*INNEN

Rabbinerin **REBECCA BLADY** ist Geschäftsführerin von Hillel Deutschland, einer pluralistischen Organisation für jüdische Studierende und junge Erwachsene, die sich auf Bildung, Empowerment und Gemeinschaftsbildung konzentriert. Sie erhielt 2019 die rabbinische Ordination von der Yeshivat Maharat in New York. 2012 machte sie einen Bachelor-Abschluss in Politik und Journalismus an der Brandeis University. Sie lebt mit ihrem Mann und Mitbegründer von Hillel Deutschland, Rabbiner Jeremy Borovitz, und ihren beiden Kindern in Berlin.

MIRIAM BURZLAFF hat langjährige Erfahrungen in der politischen Bildung und Beratung sowie in der Kinder- und Jugendhilfe. Sie ist Professorin für Methoden Sozialer Arbeit an der Hochschule Neubrandenburg, Fachbereich Soziale Arbeit, Bildung und Erziehung. Zu ihren Schwerpunkten gehören Politik, Ethik und Professionalisierungsprozesse Sozialer Arbeit, ihr Fokus liegt insbesondere auf Policy Practice, Social Justice und Diskriminierungskritik.

MARINA CHERNIVSKY ist Psychologin und Verhaltenswissenschaftlerin. Sie forscht zu Antisemitismus in Institutionen, leitet das Kompetenzzentrum für Prävention und Empowerment und ist Gründerin sowie Geschäftsführerin der Beratungsstelle OFEK e. V. Sie ist Mitbegründerin und Mitherausgeberin von *Jalta. Positionen zur jüdischen Gegenwart*.

Mein Name ist **YAMIN HAMID** (keine Pronomen). Ich bin seit ca. vier Jahren politisch aktiv in Sachsen-Anhalt zu den Themen Antirassismus, Transfeminismus und Antifaschismus. Mit dem Bündnis „Solidarität mit den Betroffenen – Keine Bühne dem Täter" habe ich den Prozess zum Halle-Anschlag vor Ort begleitet.

NAOMI HENKEL-GUEMBEL ist Therapeutin, Politikwissenschaftlerin und angehende Rabbinerin. Sie hat den Anschlag auf die

Synagoge in Halle überlebt und war Nebenklägerin im Prozess gegen den Attentäter. Sie ist Mitinitiatorin des Festivals of Resilience, welches mit anderen Betroffenen rechter Gewalt, so wie auch Aktivist*innen und wichtigen Denker*innen unserer Zeit inner- und außerhalb der Jüdischen Community begangen wird. Henkel-Gümbel ist Programmdirektorin der Synagoge am Fraenkelufer, Berlin. Sie engagiert sich in bildungspolitischen Projekten inner- und außerhalb der Jüdischen Community, in denen sie (sozial-)psychologische, politische und religionsbezogene Ansätze vereint.

HEIKE KLEFFNER ist Journalistin und Geschäftsführerin des Verbands der Beratungsstellen für Betroffene rechter, rassistischer und antisemitischer Gewalt (VBRG e. V.). Sie schreibt und recherchiert seit den 1990er Jahren zu Rechtsterrorismus und ist Mitherausgeberin zahlreicher Standardwerke zum Thema. Zuletzt hat sie die Sammelbände *Fehlender Mindestabstand. Die Coronakrise und die Netzwerke der Demokratiefeinde* (Herder 2021) und *Extreme Sicherheit. Rechtsradikale in Polizei, Bundeswehr, Justiz und Verfassungsschutz* (Herder 2019) herausgegeben und *Recht gegen Rechts. Report 2022* (Fischer 2022) zusammen mit Nele Austermann, Andreas Fischer-Lescano, Wolfgang Kaleck, Kati Lang, Maximilian Pichl, Ronen Steinke und Tore Vetter mitherausgegeben.

DARJA KLINGENBERG ist akademische Mitarbeiterin am Lehrstuhl für Vergleichende Kultur- und Sozialanthropologie an der Europa-Universität Viadrina, Frankfurt (Oder). Sie forscht zu Migrationsgesellschaften und sozialer Ungleichheit, den Verschränkungen von Klasse, Geschlecht, Rassismen und Antisemitismus am Beispiel der russischsprachigen Migrationsbewegungen. Gegenwärtig arbeitet sie zu erinnerungspolitischen Verflechtungen und Konflikten in der deutschen Migrationsgesellschaft und Diaspora-Gemeinschaften. Zuletzt ist von ihr *Materialismus und*

Melancholie. Vom Wohnen russischsprachiger migrantischer Mittelschichten (Campus 2022) erschienen.

FRIEDERIKE LORENZ-SINAI, Erziehungswissenschaftlerin und Sozialarbeiterin, ist Professorin für Methoden der Sozialen Arbeit und Sozialarbeitsforschung sowie Studiengangsleitung des Masters Childhood Studies and Children's Rights an der Fachhochschule Potsdam. Ihre Forschungsschwerpunkte sind (sexualisierte) Gewalt in Institutionen und ihre Aufarbeitung, Schweigen als soziale Praxis, Antisemitismus im Bildungswesen, Bildung zur Shoah.

FREDEREK MUSALL ist seit 2015 ordentlicher Professor für Jüdische Philosophie und Geistesgeschichte an der Hochschule für Jüdische Studien in Heidelberg. Zu seinen Themenschwerpunkten gehören insbesondere jüdische Denktraditionen und deren Aktualisierungen, jüdisch-muslimische Beziehungen in Geschichte und Gegenwart sowie jüdische Pop- und Gegenwartskultur. Gemeinsam mit seinen Heidelberger Kolleg*innen Johannes Becke und Beyza Arslan hostet er den Podcast *Mekka und Jerusalem – ein Podcast zu den jüdisch-muslimischen Beziehungen*, der u. a. auf iTunes und Spotify abrufbar ist.

HANNAH PEACEMAN ist Wissenschaftliche Mitarbeiterin an der Friedrich-Schiller-Universität Jena und Geschäftsführerin des Forschungsprojekts „Wie umgehen mit Rassismus, Antisemitismus und Sexismus in Werken der klassischen deutschen Philosophie?". In ihrem Postdoc-Projekt arbeitet sie zu methodisch reflektierten Konzeptionen von Public Philosophy. Sie promovierte zum Potenzial jüdischer Perspektiven für die politische Philosophie (Klostermann 2021). Sie ist Mitherausgeberin der Zeitschrift *Jalta. Positionen zur jüdischen Gegenwart*. Peaceman publiziert zudem u. a. zu postmigrantischer Erinnerungskultur, zum Verhältnis von Rassismus und Antisemitismus und zu jüdischem Leben in Deutschland.

MASSIMO PERINELLI ist Historiker, lebt in Berlin und arbeitet als Referent für Migration bei der Rosa-Luxemburg-Stiftung. Er ist langjähriges Mitglied von Kanak Attak, Mitbegründer der Initiative „Keupstraße ist überall" und hat das Tribunal *NSU-Komplex auflösen* 2017 und 2019 mitinitiiert. Er hat zu Geschlechter- und Sexualitätsgeschichte publiziert sowie zu Rassismus und migrantischen Kämpfen. Er ist Herausgeber des Buchs *Die Macht der Migration* (Unrast 2018) und zusammen mit Lydia Lierke Mitherausgeber des Sammelbands *Erinnern stören. Der Mauerfall aus migrantischer und jüdischer Perspektive* (Verbrecher 2020).

LINUS POOK studierte Philosophie und Theaterwissenschaft und arbeitet als Journalist und Videograf zu Antisemitismus und der extremen Rechten. **GRISCHA STANJEK** studierte Art in Context und arbeitet als Journalist, Bildungsreferent und Fotograf zu Antisemitismus und der extremen Rechten. **TUIJA WIGARD** ist Politikwissenschaftlerin mit einem Schwerpunkt auf Antisemitismus und Verschwörungserzählungen. Die drei gründeten Ende 2019 den Verein democ. und beobachteten für diesen den Halle-Prozess. Ihre Beobachtungen gaben sie 2021 in dem Buch *Der Halle-Prozess: Mitschriften* bei Spector Books heraus.

ANNA SCHAPIRO arbeitet bildnerisch, schreibt, organisiert und kuratiert. Sie ist Mitbegründerin und Mitherausgeberin von *Jalta. Positionen zur jüdischen Gegenwart* sowie Mitglied des Kollektivs Ministerium für Mitgefühl. In ihrer bildnerischen Arbeit beschäftigt sie sich mit Fragen von Raum und Imagination, Schönheit als Überlebensnahrung und der Migration von Farbe. Im Kollektiven treibt sie die Frage nach gesellschaftlichem Zusammenleben an.

RACHEL SPICKER ist Sozialwissenschaftlerin, Systemische Beraterin und Prozessbegleiterin sowie Unterstützerin der Überlebenden des antisemitischen und rassistischen Anschlags in Halle und

Wiedersdorf. Sie ist Mitglied der Soligruppe 09.10., Mitorganisatorin des Festival of Resilience, setzt mit Überlebenden bildungspolitische und künstlerische Projekte zum Thema Gedenken und Erinnern um und ist am Aufbau eines bundesweiten Solidaritäts- und Betroffenennetzwerks beteiligt, bei dem sich Betroffene rassistischer und antisemitischer Anschläge sowie Unterstützer*innen vernetzen. Sie arbeitet für die Mobile Opferberatung Sachsen-Anhalt und u. a. für den VBRG e. V.

EZRA WAXMAN hat an der Universität Tel Aviv mit der Arbeit *Angles of Gaussian Primes* in Mathematik promoviert. Sein Forschungsgebiet ist die Zahlentheorie. Von 2019 bis 2021 erhielt er ein Minerva-Stipendium, um an der Technischen Universität Dresden an dem unabhängigen Forschungsprojekt „Arithmetik Statistics in Function Fields" zu arbeiten. Derzeit ist er Zuckerman Postdoctoral Fellow an der Universität Haifa im Fachbereich Mathematik.

ROMINA WIEGEMANN ist Leiterin der Pädagogik und der Bildungsprogramme im Kompetenzzentrum für Prävention und Empowerment. Ihre Arbeitsschwerpunkte bilden die antisemitismus- und diskriminierungskritische Bildung und Beratung. Wiegemann studierte u. a. Government, Diplomacy and Middle Eastern History (B. A.) in Israel und Holocaust Studies (M. A.) in Berlin.

Abbildungsverzeichnis

Anna Schapiro
Ohne Angst verschieden
S. 9, 193–196
Die Plakate wurden von der Gestalterin Jian Haake gesetzt.
Fotos: Jessica Schäfer
© Anna Schapiro, 2023

Rebecca Blady
The Jewish Pursuit of Justice at the Festival of Resilience
S. 119
Noa Luft, former Executive Director of the Jewish Student Union Deutschland, speaks at the Festival of Resilience 2020, together with former Vice President, Ruben Gerczikow.
S. 123
Talya Feldman delivering remarks at the Festival of Resilience 2021, accompanied by activist Rachel Spicker.
S. 125
Hanau Survivors on stage at the Festival of Resilience 2020.
© Debi Simon, 2020/2021

Jalta. Positionen zur jüdischen Gegenwart

N⁰ 01: *Selbstermächtigung*
ISBN: 978-3-95808-136-9, 172 S., 3. Aufl.

N⁰ 02: *Desintegration*
ISBN: 978-3-95808-140-6, 156 S., 3. Aufl.

N⁰ 03: *Allianzen*
ISBN: 978-3-95808-154-3, 164 S., 2. Aufl.

N⁰ 04: *Gegenwartsbewältigung*
ISBN: 978-3-95808-217-5, 170 S., 2. Aufl.

N⁰ 05: *Exile. Ein Kunstheft*
ISBN: 978-3-95808-222-9, 204 S.

N⁰ 06: *Ver | un | einigung*
ISBN: 978-3-95808-223-6, 156 S.

Sonderausgabe 01:
Zwischen Literarizität und Programmatik
Jüdische Literaturen der Gegenwart
hrsg. zus. m. Luisa Banki/Yevgeniy Breyger
ISBN: 978-3-95808-245-8, 100 S., 2. Aufl.

N⁰ 07: *Übersetzbarkeit*
ISBN: 978-3-95808-259-5, 140 S.

hrsg. von Micha Brumlik/Marina Chernivsky/Max Czollek
Hannah Peaceman/Anna Schapiro/Lea Wohl von Haselberg

je 16 €

Außerdem im Neofelis Verlag erschienen

race & sex: Eine Geschichte der Neuzeit
49 Schlüsseltexte aus vier Jahrhunderten neu gelesen

– Grenzüberschreitende Re-Lektüren einer kritischen Geschichtswissenschaft –

hrsg. von Jürgen Martschukat / Olaf Stieglitz
ISBN: 978-3-95808-034-8 (2. Aufl.)
422 S., 28 €

Postmigrant Turn
Postmigration als kulturwissenschaftliche Analysekategorie

– Für einen Perspektivwechsel in Kunst, Wissenschaft und Gesellschaft –

Rahel Cramer / Jara Schmidt / Jule Thiemann
ISBN: 978-3-95808-412-4
118 S., 12 €

Einblendungen
Elemente einer jüdischen Filmgeschichte der Bundesrepublik

– Filmgeschichte anders schreiben: Ein aufschlussreiches Mosaik
aus kurzen Elementen, Anekdoten, biografischen Bruchstücken –

hrsg. von Johannes Praetorius-Rhein / Lea Wohl von Haselberg
Jüdische Kulturgeschichte in der Moderne, Bd. 27
ISBN: 978-3-95808-413-1
186 S., 14 €

Leseproben zu all unseren Titeln unter: www.neofelis-verlag.de

Impressum

Jalta | *Positionen zur jüdischen Gegenwart*
№ 08
Nachhalle

HERAUSGEGEBEN VON
Micha Brumlik / Marina Chernivsky
Max Czollek / Hannah Peaceman
Anna Schapiro / Lea Wohl von Haselberg

ofeк
אופק

In Kooperation mit OFEK e. V.

BIBLIOGRAFISCHE INFORMATION DER
DEUTSCHEN NATIONALBIBLIOTHEK
Die Deutsche Nationalbibliothek verzeichnet diese Publikation
in der Deutschen Nationalbibliografie; detaillierte bibliografische
Daten sind im Internet über http://dnb.d-nb.de abrufbar.

COPYRIGHT
© 2023 Neofelis Verlag GmbH, Berlin
Alle Rechte vorbehalten.
www.neofelis-verlag.de
2. Auflage, 2023

UMSCHLAGGESTALTUNG & LAYOUT
Hartmut Friedrich-Pfefferkorn
www.hartmutfriedrich.com

LEKTORAT & SATZ
Neofelis Verlag (mn)

DRUCK
PRESSEL Digitaler Produktionsdruck, Remshalden
Gedruckt auf FSC-zertifiziertem Papier.

ISBN (Print): 978-3-95808-354-7
ISBN (PDF): 978-3-95808-406-3